백기호 목사가 전하는
죄와 더러움을 씻는 샘

백기호 목사의 다른 책들:
바다의샘, 종려가지, 2025
동산의샘, 종려가지, 2025
생명의샘, 종려가지, 2025
깊음의샘, 종려가지, 2025
축복의원리 42, 종려가지, 2023
주님의 소리, 종려가지, 2023
복음의 소리, 종려가지, 2023
큰 나팔의 소리, 종려가지, 2023
탄식의 소리, 종려가지, 2022
세미한 소리, 종려가지, 2022
하늘의 소리, 종려가지, 2021
성령의 소리, 종려가지, 2021
광야의 소리, 종려가지, 2021
딱! 100일만 성령님과 동행합시다, 종려가지, 2020
바벨론과 새 예루살렘, 소리, 종려가지, 2019
보혜사의 축복을 받자, 종려가지, 2019
하나님의 예비하신 것, 종려가지, 2018
복음의 7대 연합, 7대 명절의 축복, 종려가지, 2018
매일 양식을 나누어 주는 자, 종려가지, 2018
성령의 나타남 10주제, 종려가지, 2018
이름 없이 빛도 없이

백기호 목사가 전하는 죄와 더러움을 씻는 샘

1판 인쇄일 2025년 10월 23일
1쇄 발행일 2025년 10월 30일

지은이 _ 백기호
펴낸이 _ 한치호
펴낸곳 _ 종려가지
등 록 _ 제311- 2014000013호(2014. 3. 21)
주 소 _ 서울특별시 은평구 은평로 14길 9 - 5
전 화 _ 02. 359. 9657
디자인 _ 표지 이순옥/ 내지 구본일
제작대행 세줄기획(02.2265.3749)
영업(총판) 일오삼 전화_ 02. 964.6993 팩스 2208.0153

값 15,000 원

ISBN 979-11-992100-9-7

ⓒ 2025, 백기호 / 저자 연락처 010- 7362- 3593

잘못 만들어진 책은 구입하신 서점에서 바꾸어 드립니다. 책의 주문 및 영업에 대한
문의는 영업대행으로 해주십시오. 문서사역에 대한 질문은 010. 3738. 5307로 해주십시오.

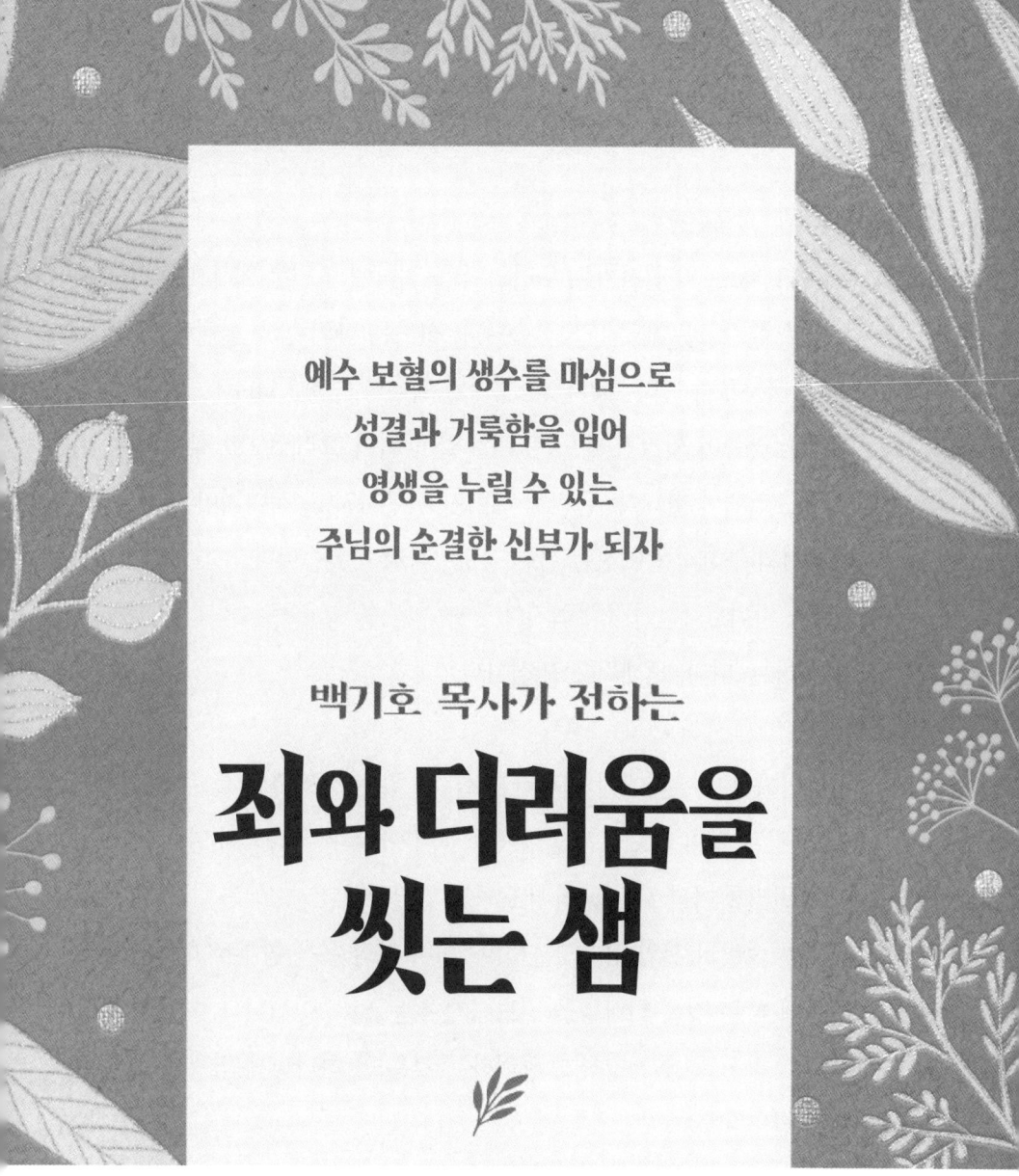

예수 보혈의 생수를 마심으로
성결과 거룩함을 입어
영생을 누릴 수 있는
주님의 순결한 신부가 되자

백기호 목사가 전하는
죄와 더러움을 씻는 샘

문서사역
|종|려|가|지|

머리말

예수 그리스도의 십자가는 우리의 죄를 위하여 영원한 제사요 온전한 속죄로 향기로운 제물이 되셨습니다. 성도는 나의 몸과 물질과 시간, 능력, 재능을 온전히 드려질 때 향기가 됩니다.(고후 2:14)
죄와 더러움이 씻겨진 성도는 고운 밀이 되어 그리스도와 같이 성품이 부드러워야 합니다. 완전히 깨어지고 부서지고, 녹아져야 합니다. 하나님의 구하시는 제사는 상한 심령이라고 하셨습니다.
'상한', 샤바르. 산산히 부숴지다.
'통회하는, 다카. 으깨지다. 박살나다.

하나님께서는 우리에게 건강하게 살 수 있는 창조 질서를 주셨습니다. 건강은 단지 기도로만 얻어지는 것이 아니라, 하나님이 만드신 자연의 원리를 따라 사는 삶의 태도와도 연결됩니다.
육체는 성령의 전입니다.(고전 6:19-20) 우리의 몸을 함부로 대하거나 해롭게 하는 것은 하나님을 기쁘시게 하는 일이 아닙니다. 하나님께서 창조하신 몸을 건강하게 관리하는 것은 곧 하나님께 영광을 돌리는 일입니다.
건강한 식습관, 충분한 휴식, 적절한 운동은 하나님께서 우리에게 주신 육체의 질서를 지키는 중요한 방법입니다. 하나님은 우리에게 땅의 소산물과 자연을 선물로 주셨습니다. 이는 우리가 건강하게 살아가도록 돕는 창조의 섭리입니다. 인스턴트식품, 과도한 음주, 스트레

스 등 몸을 해치는 습관에서 벗어나, 하나님의 창조 질서를 따르는 삶을 살 때 건강을 지킬 수 있습니다.

"그런즉 사랑하는 자들아 이 약속을 가진 우리가 하나님을 두려워하는 가운데서 거룩함을 온전히 이루어 육과 영의 온갖 더러운 것에서 자신을 깨끗게 하자."(고후 7:1)

건강하고 강건하게 사는 비결은 하나님과의 깊은 관계 속에서 시작됩니다. 하나님의 말씀을 신뢰하고, 예수 그리스도의 복음을 의지하며, 몸을 성령의 전으로 관리하고, 성령의 도우심을 구할 때 우리는 전인적으로 건강한 삶을 누릴 수 있습니다.

이러한 관점 중에서 가장 마음에 와닿는 부분은 무엇인가요? 함께 더 깊이 나누어보면 좋겠습니다.

"하나님의 말씀과 기도로 거룩하여짐이니라."(딤전 4:5)

하나님의 말씀은 죽은 자를 살리고, 병든 자는 고침을 받고. 약한 자는 강건해집니다. 오늘도 살아 있는 하나님의 말씀에 순종하는 모든 이들에게 좋은 소식 일어날 것이며 새로운 피조물이 됩니다.

『죄와 더러움을 씻는 샘』이 출판되기까지 수고한 사랑하는 딸 백설, 한치호 목사님과 관계자 모든 분들께 진심으로 감사를 드립니다.

강원도 평창, 종부교회에서

지극히 작은 자보다 더 작은 자

백기호 목사

차 례

머리말 ········ 4

죄와 더러움을 씻는 샘
- 구약 메시지

1. 되리라!」 창 35:10 ········ 11
2. 주의 발 앞에서」 신 33:3 ········ 14
3. 두 갈림길의 선택」 수 24:15 ········ 18
4. 새벽에 도우시는 하나님」 시 46:5 ········ 23
5. 내 영을 새롭게 하소서」 시 51:10 ········ 26
6. 나의 도움이 어디서 올까?」 시 121:1-2 ········ 29
7. 나의 도움이 어디서 오나」 시 146:3~4 ········ 34
8. 지혜의 근본」 잠 9:10 ········ 37
9. 소원을 이루라」 잠 13:12 ········ 41
10. 모든 것이 헛되도다」 전 1:2 ········ 45
11. 불 같은 사랑」 아 8:7 ········ 47
12. 너희는 여호와께 돌아오라」 사 1:2 ········ 51
13. 찾으라」 사 55:6 ········ 57
14. 하나님의 저울」 단 5:27 ········ 62
15. 동시대를 살게 하시는 주님」 슥 10:9 ········ 66
16. 하나님의 특별한 소유」 말 3:17 ········ 69

죄와 더러움을 씻는 샘
– 신약 메시지

1. 축복의 비밀 」 마 6:19-21 77
2. 율법의 마침과 복음의 새 시대 」 마 11:13 82
3. 제일순위 」 마 22:37 84
4. 나그네의 삶 」 마 25:43 88
5. 깨어 기도하라 」 마 26:41 91
6. 열리라 」 막 7:34-35 96
7. 하나님의 나라 」 눅 17:20~21 100
8. 항상 기도하며 깨어 있으라 」 눅 21:36 105
9. 생명의 빛으로 오신 예수 」 요 1:4 108
10. 기적의 하나님 」 요 2:11 111
11. 살리는 것은 영 」 요 6:63 115
12. 보혜사 성령 」 요 14:26 117
13. 내 안에 예수와 그의 영으로 충만하라 」 요 15:7 120
14. 예수 그리스도의 이름 」 행 3:6 124
15. 오직 예수 」 행 4:12 127
16. 생명의 성령의 법 」 롬 8:2 131
17. 육신의 생각, 영의 생각 」 롬 8:5-6 135
18. 살리는 영 」 롬 8:11 140
19. 남은 자의 구원 」 롬 9:27~30 146
20. 십자가의 도 」 고전 1:18 149

21. 나는 주님의 것이라」 고전 6:20 154

22. 술, 담배, 음행」 고전 10:31 157

23. 나를 본받으라」 고전 11:1 161

24. 세상 근심」 고후 7:10 164

25. 신령한 복」 엡 1:3 168

26. 소원을 품으라」 빌 2:13 171

27. 내가 존재하는 이유는」 골 1:16 174

28. 너 하나님의 사람아!」 딤전 6:11 179

29. 성경 속에 지혜」 딤후 3:15 183

30. 롤 모델」 히 11:24~26 186

31. 양 날개」 약 2:17 191

32. 마음을 성결하게 하라」 약 4:8 195

33. 영원한 복음」 계 14:6 200

34. 두 성」 계 18:2 204

백기호목사가 전하는

죄와 더러움을 씻는 샘

구약 메시지

되리라!

창 35:10,
그에게 이르시되 네 이름이 야곱이다마는 네 이름을 다시는 야곱이라 부르지 않겠고 이스라엘이 네 이름이 되리라 하시고 그가 그의 이름을 이스라엘이라 부르시고.

하나님께서 말씀하시면 그대로 됩니다.
물이 변하여 포도주가 되고. 소경의 눈이 열리고.
죽은 자가 살아나고. 가난한 자가 부요하게 되고
- 오늘도 주님, 저에게 말씀 하시옵소서. 종이 듣겠나이다.

1. 이스라엘의 목자가 되며, 내 백성 이스라엘의 주권자가 되리라. 하나님이 되게 하시면 됩니다.

"전일 곧 사울이 왕이 되었을 때에도 이스라엘을 거느려 출입하게 한 자가 왕이시었고 왕의 하나님 여호와께서도 왕에게 말씀하시기를 네가 내 백성 이스라엘의 목자가 되며 내 백성 이스라엘의 주권자가 되리라 하셨나이다 하니라."(대상 11:2)

2. 이기는 자가 되리라.

"이기는 자는 이것들을 유업으로 얻으리라 나는 저의 하나님이 되고 그는 내 아들이 되리라."(계 21:7)
"그가 너를 대신하여 백성에게 말할 것이니 그는 네 입을 대신할 것이요 너는 그

에게 하나님같이 되리라."(출 4:16)

3. 내 제자가 되리라.
"너희가 과실을 많이 맺으면 내 아버지께서 영광을 받으실 것이요 너희가 내 제자가 되리라."(요 15:8)

4. 네 소원대로 되리라.
"이에 예수께서 대답하여 가라사대 여자야 네 믿음이 크도다 네 소원대로 되리라 하시니 그 시로부터 그의 딸이 나으니라."(마 15:28)

5. 지혜로운 자가 되리라.
"아무도 자기를 속이지 말라 너희 중에 누구든지 이 세상에서 지혜 있는 줄로 생각하거든 미련한 자가 되어라 그리하여야 지혜로운 자가 되리라."(고전 3:18)

6. 내 종이 형통하여 지극히 존귀한 자가 되리라(사52:13)
"여호와께서 가라사대 보라 내 종이 형통하리니 받들어 높이 들려서 지극히 존귀하게 되리라."

7. 궁창의 확실한 증인, 달 같이 영원히 견고한 자가 되리라.
"또 궁창의 확실한 증인 달 같이 영원히 견고케 되리라 하셨도다 (셀라)."(시 89:37)

말씀으로 = 눅 1:38, "마리아가 가로되 주의 계집종이오니 말씀대로 내게 이루어지이다 하매 천사가 떠나가니라."

믿음으로 = 합 2:4, "보라 그의 마음은 교만하며 그의 속에서 정직하지 못하니라 그러나 의인은 그 믿음으로 말미암아 살리라."

기도함으로 = 시5 :3, "여호와여 아침에 주께서 나의 소리를 들으시리니 아침에 내가 주께 기도하고 바라리이다."

신앙고백으로 = 마 16:16-18, "시몬 베드로가 대답하여 가로되 주는 그리스도시요 살아계신 하나님의 아들이시니이다 예수께서 대답하여 가라사대 바요나 시몬아 네가 복이 있도다 이를 네게 알게 한 이는 혈육이 아니요 하늘에 계신 내 아버지시니라 또 내가 네게 이르노니 너는 베드로라 내가 이 반석 위에 내 교회를 세우리니 음부의 권세가 이기지 못하리라."

감사 찬양함으로 = 엡 5:19-20, "시와 찬미와 신령한 노래들로 서로 화답하며 너희의 마음으로 주께 노래하며 찬송하며 범사에 우리 주 예수 그리스도의 이름으로 항상 아버지 하나님께 감사하며."

용서와 화목함으로 = 골 3:13-14, "누가 뉘게 혐의가 있거든 서로 용납하여 피차 용서하되 주께서 너희를 용서하신 것과 같이 너희도 그리하고 이 모든 것 위에 사랑을 더하라 이는 온전하게 매는 띠니라."

아버지께 돌아올 때(회개) = 벧후 3:9, "주의 약속은 어떤 이의 더디다고 생각하는 것 같이 더딘 것이 아니라 오직 너희를 대하여 오래 참으사 아무도 멸망치 않고 다 회개하기에 이르기를 원하시느니라."

그대로 되어집니다. 반드시 되어집니다. 두려워하지 말고 우리 주 예수 그리스도의 이름으로 승리하시기를 축복합니다.

주의 발 앞에서

신 33:3,
여호와께서 백성을 사랑하시나니 모든 성도가 그 수중에 있으며 주의 발 아래에 앉아서 주의 말씀을 받는도다.

주의 발자취 따라 오늘도 나는 가리라
천국으로 가는 생명 길로 …
주의 발자취 따라 한 걸음 또 한 걸음
넘어지고 쓰러져도 오늘도 나는 일어나 가리라
천국으로 갈 수 있는 오직 한 길은 예수 그리스도의
십자가의 길뿐이라.

요 14:6, "예수께서 가라사대 내가 곧 길이요 진리요 생명이니 나로 말미암지 않고는 아버지께로 올 자가 없느니라."
행 4:12, "다른 이로써는 구원을 받을 수 없나니 천하 사람 중에 구원을 받을 만한 다른 이름을 우리에게 주신 일이 없음이라 하였더라."

죄와 허물로 심판을 받아 멸망 당할
나와 인류를 구원하시려고 독생자를 세상에 보내 주시고
그 아들을 십자가 위에서 보배로운 피를 흘려
처참하게 죽게 내어주신 하나님 아버지의

측량할 수 없는 그 크고 놀라운 사랑이여!
죄와 허물로 마땅히 형벌 받아 지옥 불 못에
던짐 받을 나를 구원하시려고, 나를 대신하여
멸시, 천대, 조롱, 수모, 모욕을 말없이 묵묵히 다 당하시고
등과 허리에 채찍을 맞아 살이 찢어지고 피를 흘리시고,
머리에 가시관을 쓰시고, 양손과 발에 못 박혀
십자가 위에서 옆구리에 창에 찔려
온몸의 피를 다 흘리시고 고통과 죽음을 맛보신
주 예수 그리스도의 무궁한 은혜와 그 크신 사랑이여!

지혜와 계시의 정신을 내게 충만히 부어 주사
마음의 눈을 밝게 열어 주사
하나님의 무한대한 사랑과 예수 그리스도의 크고 놀라운
구원의 은혜와 사랑을 깊이 깨달아 알게 하시고
지혜와 지식과 명철과 이상과 몽조를 주시고, 각종 은사로
하나님 나라를 위하여 복음의 향기 되어, 편지 되어
충성되이 전하게 하시며
죄를 범할 때마다 잘못을 깨닫게 하시어 회개할 수 있게 하시며
정한 마음과 정직한 영을 날마다 새롭게 하시어
성결하게 거룩하게 하시며
언제 어디서나 항상 함께 거하시는 성령님의 크신 은총으로
내가 가는 길이 거룩한 성지 거룩한 길 되리라.

"내가 영원히 거할 영광스러운 아버지 집."
(하늘나라, 천국)
빛나고 황홀한 보석들, 벽옥, 남보석, 옥수,
녹보석, 홍마노, 홍보석, 황옥, 녹옥, 담황옥,
비취옥, 청옥, 자수정으로 성곽의 기초석을 놓고
벽옥으로 성벽을 쌓으시고 아름답고 빛난
한 진주로 한 문씩을 만들어 동서남북 세 문씩
12문이 있는 나라 생명수 강이 넘쳐흐르고
강 좌우편에 영생 과실이 12달 새롭게 맺어있고
모든 길이 유리바다 같은 정금길이요

기화요초(琪花瑤草) 만발하고 하나님과, 예수님이 빛이 되어
해와 달과 별이 쓸데없는 곳 슬픔과 눈물이 없고
아픔과 고통이 없고 근심과 걱정이 없고
배고픔과 가난이 없고 거짓과 속임수가 없고
싸움과 전쟁이 없고 악한 어둠의 영이 없고
불의한 자가 없고 불법한 자가 없고
죄악과 죽음이 없는 곳 기쁨과 감사와 찬송과
경배와 평화와 영광과 사랑만 있는 곳
그 영광스러운 천국을 영의 눈으로 바라보며
마음에 천국을 이루며 그 나라와 의를 구하며
소망 중에 강하고 담대하게 승리하며 살게 하시고

연약한 나를 붙드시고 죄를 회개하게 하시고
능력으로 보호하여 주시며 날 대신 탄식하며 기도하신
성령님의 크신 은총이여! 이 비밀을 아는 자여!
이 비밀을 맡은 자여! 불의와 불법이 난무하고
거짓과 속임수가 만연한 혼란과 혼탁으로 얼룩진
버겁고 힘든 살벌한 이 어두움의 죄악 세상에서
남은 삶 속에서 주와 동행하며 빛의 자녀로서
착함과 의로움과 진실하게 살며 주님 가신 발자취 따라
재림 나팔 불 때 나의 이름 부를 그때까지

주님이 가신 골고다의 언덕길을 십자가를 지시고
쓰러지고 또 쓰러지며 채찍을 받으시며
땀과 피 흘리시며 힘겹게 올라가신 그 길을
나도 따라가렵니다. 배고파도 올라가고
괴롭고 힘들어도 올라가고 고통스러워도 올라가고
죽더라도 올라가며 죽도록 충성하므로
주님의 기쁨이 되는 순결한 주의 신부가 되리라.
주님 가신 길이오니 내가 어찌 못가오리.

빌 4:13, "내게 능력 주신 자 안에서 내가 모든 것을 할 수 있느니라."

두 갈림길의 선택

수 24:15,
만일 여호와를 섬기는 것이 너희에게 좋지 않게 보이거든 너희 열조가 강 저편에서 섬기던 신이든지 혹 너희의 거하는 땅 아모리 사람의 신이든지 너희 섬길 자를 오늘날 택하라 오직 나와 내 집은 여호와를 섬기겠노라.

우리 모든 인생들이 날마다 가고 있는 길은
두 가지 길을 가고 있습니다. 좁은 길과 넓은 길.
영생의 길과 멸망의 길, 우리가 지금 가고 있는 길 앞에는 피할 수 없는 둘로 나누이는 갈림길이 있습니다.

좁은 길. 이 길은 좁고 길이 협착하여 찾는 이가 적다.
그러나 이 길은 생명의 길이요 곧 영생의 길입니다

"좁은 문으로 들어가라 멸망으로 인도하는 문은 크고 길이 넓어 그리로 들어가는 자가 많고 생명으로 인도하는 문은 좁고 길이 협착하여 찾는 이가 적음이라."(마 7:13-14)

예수 안에 있는 우리가 가야 할 길

1. 골고다의 길, 십자가의 길 = "예수를 끌고 [골고다라 하는 곳] (번역하면

해골의 곳)에 이르러 십자가에 못 박고 그 옷을 나눌새 누가 어느 것을 가질까 하여 제비를 뽑더라."(막 15:22,24)

2. 생명의 길, 영생의 길 = "주께서 [생명의 길]로 내게 보이셨으니 주의 앞에서 나로 기쁨이 충만하게 하시리로다."(행 2:28)

3. 구원의 길 = "이 사람들은 지극히 높은 하나님의 종으로 [구원의 길]을 너희에게 전하는 자라."(행 16:17)

4. 평강의 길 = "[평강의 길]을 알지 못하였고."(롬 3:17)

5. 제일 좋은 길 = "너희는 더욱 큰 은사를 사모하라 내가 또한 [제일 좋은 길]을 너희에게 보이리라."(고전 12:31, 롬 1:10)

5. 의롭고 참된 주의 길 = "… 주 하나님 곧 전능하신 이시여 하시는 일이 크고 기이하시도다 만국의 왕이시여 [주의 길]이 의롭고 참되시도다."(계 15:3)

6. 예수님이 아버지 집으로 가신 영광스러운 천국 길 = "내가 가는 곳에 그 길(천국 길)을 너희가 알리라 도마가 가로되 주여 어디로 가시는지 우리가 알지 못하거늘 그 길을 어찌 알겠삽나이까 예수께서 대답하여 가라사대 내가 곧 길이요 진리요 생명이니 나로 말미암지 않고는 아버지께로 올 자가 없느니라" (요 14 : 4~6)

7. 의로운 길 = "의로운 길에 생명이 있나니 그 길에는 사망이 없느니라."(잠

12:28)

8. 12 진주 문이 있는 성 맑은 유리 같은 정금길 = "그 열두 문은 열두 진주니 문마다, 한 진주요 성의 길은 맑은 유리 같은 정금이더라."(계 21:21)

9. 어린 양의 생명책에 기록된 자만이 들어가는 길 = "무엇이든지 속된 것이나 가증한 일 또는 거짓말하는 자는 결코 그리로 들어오지 못하되 오직 어린양의 생명책에 기록된 자들뿐이니라."(계 21:27)

주님께서 가신 십자가의 길, 구원의 길, 생명의 길, 영생의 길,
의로운 길, 영광의 길을 따라 날마다 순간마다
선한 싸움에 승리하며 끝까지 믿음의 길을 주님과 함께 달려가리라.

넓은 길, 곧 사망의 길(사탄, 마귀에게 끌려가는 길)

* 멸망으로 가는 크고 넓은 길로 많은 사람이 가고 있도다.
"멸망으로 인도하는 문은 크고 그 길이 넓어 그리로 들어가는 자가 많고."(마 7:13)

* 파멸과 고생의 길
"파멸과 고생이 그 길에 있어."(롬 3:16)

* 덫과 함정이 있는 길.
"그를 잡을 덫이 땅에 숨겨져 있고 그를 빠뜨릴 함정이 길목에 있으며."(욥 18 : 10)

* 음부로 가는 길

* … 그의 하나님의 언약을 잊어버린 자라

"그 집은 사망으로, 그 길은 스올로 기울어졌나니 누구든지 그에게로 가는 자는 돌아오지 못하며 또 생명 길을 얻지 못하느니라."(잠 2:17~19)

* 사형에 해당하는 자들이 가는 죄악의 길

"곧 모든 불의, 추악, 탐욕, 악의가 가득한 자요 시기, 살인, 분쟁, 사기, 악독이 가득한 자요 수군수군하는 자요 비방하는 자요 하나님께서 미워하시는 자요 능욕하는 자요 교만한 자요 자랑하는 자요 악을 도모하는 자요 부모를 거역하는 자요 우매한 자요 배약하는 자요 무정한 자요 무자비한 자라 그들이 이 같은 일을 행하는 자는[사형에 해당한다]고 하나님께서 정하심을 알고도 자기들만 행할 뿐 아니라 또한 그런 일을 행하는 자들을 옳다 하느니라."(롬 1:29~32)

* 사람의 마음과 생각을 착각하게 하는 사망의 길.

"어떤 길은 사람의 보기에 바르나 필경은 [사망의 길]이니라."(잠 14:12)

두 가지 길에서 선택의 자유를 주신 하나님

* 우리 앞에 놓인 선택의 = 생명과 복, 사망과 화

"내가 생명과 사망과 복과 저주를 네 앞에 두었은즉 너와 네 자손이 살기 위하여 생명을 택하고 네 하나님 여호와를 사랑하고 그 말씀을 순종하며 또 그에게 부종하라."(신 30:19~20)

* 예수를 구주로 영접한 자들에게 하나님의 자녀의 권세를 주심

"영접(선택)하는 자 곧 그 이름(예수)을 믿는 자들에게는 하나님의 자녀가 되는 권세를 주셨으니 이는 혈통으로나 육정으로나 사람의 뜻으로 나지 아니하고 오직 하나님께로 난 자들이니라."(요 1:12-13)

* 우리의 모든 길을 작정하신 하나님
" … 왕의 [모든 길을 작정하시는 하나님]께는 영광을 돌리지 아니한지라."(단 5:23)

* 믿음으로 받은 구원은 하나님의 은혜의 선물이라.
"너희가 그 은혜를 인하여 믿음으로 말미암아 구원을 얻었나니 이것이 너희에게서 난 것이 아니요 하나님의 선물이라."(엡 2:8)

하나님의 선물(믿음)은 아무나 받는 것이 아닙니다. 오직 하나님께서 택하신 자에게만 믿음을 선물로 주십니다.

너 하나님의 사람아! 너 믿음의 사람아!
성령의 인도하심을 받아 영생에 이르기까지
말씀과 믿음으로 기도와 찬송으로 끝까지 승리하는 자로 생명길을 잘 달려가서 천국문으로 들어갈지라.

주의 사랑을 크게 입은 자들아!
우리 모두 찬란하고 영광스러운 하나님 아버지 집에서
기쁨과 감격 속에 만나 예수님과 함께
한 상에서 먹고 마시며 영원히 영생을 누리며
기뻐 찬양하며 함께 경배를 드리자. 아멘, 할렐루야!
아멘 주 예수여! 속히 오시옵소서.

새벽에 도우시는 하나님

시 46:5,
하나님이 그 성 중에 거하시매 성이 요동치 아니할 것이라 새벽에 하나님이 도우시리로다.

한국교회 새벽기도 운동을 다시금 선포하고
깨어서 기도하는 교회가 되어야 나라가 삽니다.
새벽기도에 불이 꺼진 교회들이요, 다시 불을 붙이기를 소원합니다.
새벽 기도는 많은 기독교인에게 특별한 의미를 지니며,
신앙생활의 중요한 부분으로 여겨집니다.
이는 단순히 일찍 일어나 기도하는 행위를 넘어,
깊은 영적 의미와 실제적인 유익을 가져오는 시간으로 이해됩니다.

새벽 기도의 비밀

- 고요함과 집중의 시간: 새벽은 하루 중 가장 고요한 시간입니다. 세상의 소음과 방해에서 벗어나 오직 하나님께 집중할 수 있는 최적의 환경을 제공합니다. 이러한 고요함 속에서 우리는 자신의 내면을 깊이 들여다보고, 하나님의 음성에 더욱 민감하게 반응할 수 있습니다.

- **하나님과의 깊은 교제**: 예수님께서도 **"새벽 아직도 밝기 전에 일어나 나가 한적한 곳으로 가사 거기서 기도하시더니"**(막 1:35) 라고 기록된 것처럼, 새벽은 하나님과 교제하는 시간입니다. 다윗은 **"내 영광아 깰지어다 비파야, 수금아, 깰지어다 내가 새벽을 깨우리로다."**(시 57:8) 라며 새벽에 하나님을 찾았습니다. 이 시간을 통해 신자들은 하나님과 더욱 친밀해지고, 영적인 힘과 지혜를 얻습니다.

- **하루의 시작을 하나님께 맡김**: 하루의 첫 시간을 하나님께 드림으로써 우리는 삶의 우선순위를 재정립하고, 모든 계획과 행동을 하나님의 뜻에 맡기는 훈련을 하게 됩니다. 이는 하루를 영적으로 풍성하게 시작하고, 하나님의 인도하심을 구하는 중요한 자세입니다.

- **특별한 은혜와 응답의 경험**: 많은 신자들이 새벽 기도를 통해 특별한 은혜와 기도의 응답을 경험했다고 고백합니다. 성경에서도 새벽에 하나님께서 놀라운 일들을 행하신 기록이 많습니다.
"하나님이 그 성 중에 계시매 성이 흔들리지 아니할 것이라 새벽에 하나님이 도우시리로다."(시 46:5)라는 말씀처럼, 하나님의 도우심을 기대할 수 있는 시간입니다.

- **영적 훈련과 성장**: 꾸준한 새벽 기도는 영적인 훈련의 일환으로, 우리의 믿음을 깊게 하고 영적으로 성숙하게 만드는 데 기여합니다. 어려운 육체적 노력을 감수하며 기도에 참여하는 것은 우리의 의지와 헌신을 강화하며, 자기 절제력을 기르는 데 도움이 됩니다.

새벽 기도의 중요성

- 영적인 활력 공급: 새벽 기도는 마치 나무를 베는 연장을 날카롭게 가는 일과 같습니다. 하루를 시작하기 전 영적인 에너지를 충전하고, 삶의 도전과 어려움을 극복하는 힘과 지혜를 얻게 됩니다.

- 우선순위의 재정립: 바쁜 일상 속에서 하나님을 최우선 순위에 두는 것은 쉽지 않습니다. 새벽 기도는 의식적으로 하나님을 먼저 찾고, 그분의 뜻에 따라 하루를 살아가도록 돕습니다.

- 문제 해결과 방향성 제시: 삶의 문제와 고민 앞에서 새벽 기도는 중요한 해답과 방향을 제시해 줄 수 있습니다. 고요한 새벽에 하나님께 나아갈 때, 우리는 삶의 갈피를 잡고 하나님의 지혜로운 인도를 받을 수 있습니다.

- 한국 교회의 영적 유산: 한국 교회는 새벽 기도를 통해 놀라운 영적 부흥과 성장을 경험했습니다. 일제강점기 등 어려운 시기에도 새벽마다 모여 기도하며 나라와 민족, 교회를 위해 간절히 부르짖었던 기도의 유산은 오늘날까지 이어져 오고 있습니다.

새벽 기도는 하나님과의 깊은 관계를 형성하고 영적으로 성장하며, 삶의 실제적인 문제들을 해결하는 데 도움을 줍니다.

내 영을 새롭게 하소서

시 51:10,
하나님이여 내 속에 정한 마음을 창조하시고 내 안에 정직한 영을 새롭게 하소서.

나의 평생에 이 기도가 나의 마음과 삶 속에 항상 있게 하소서.
주의 얼굴을 내 죄에서 돌이키시고 내 죄악을 도말하여 주소서.
내 속에 정한 마음을 창조하시고
내 안에 정직한 영을 새롭게 하소서.
나를 주 앞에서 쫓아내지 마소서.
주의 성령을 내게서 거두지 마소서.

주의 구원의 즐거움을 내게 회복시켜 주소서.
나에게 항상 자원하는 심령을 주소서.
나로 범죄자에게 주의 복음을 전하게 하소서.

"나의 주여 주의 얼굴을 내 죄에서 돌이키시고 내 모든 죄악을 도말하소서 하나님이여 내 속에 정한 마음을 창조하시고 내 안에 정직한 영을 새롭게 하소서 나를 주 앞에서 쫓아내지 마시며 주의 성령을 내게서 거두지 마소서 주의 구원의 즐거움을 내게 회복시키시고 자원하는 심령을 주사 나를 붙드소서 그리하면 내가 범죄자에게 주의 도를 가르치리니 죄인들이 주께 돌아오리이다."(시 51:9-13)

이 기도는 다윗이 우리아의 아내 밧세바를 취하고
범죄 한 후에 나단선지자를 통해서
하나님의 책망을 받고 눈물로 침상을 띄우리만큼
통회하는 기도를 드림으로 하나님께 용서를 받아
하나님 앞에서 근신하는 자가 되어
구원하여 주심에 깊이 감사하며
하나님의 기쁘신 뜻을 이루어 드림으로 대를 이어
영원히 왕권의 복을 받음이라
이 기도에 성령의 기름 부음이 있게 하소서.
날마다 때마다 일마다 순간마다 주님과 함께
주님의 뜻 이루며 주님이 보시고 기뻐하시도록
값진 아름다운 삶을 살게 하소서.
또 나로 내 죄와 허물을 순간마다 깨닫게 하시고
홀이라도 남김없이 낱낱이 회개하게 하소서.
주의 종으로 죄인 줄 알면서도 고의로 죄를
짓지 말게 하시고 그 죄가 나를 주장하지
못하게 하시고 모든 죄과에서 벗어나게 하소서
나의 입술의 모든 말과 나의 마음의 묵상이
주께 열납 되기를 원합니다.

하나님이여 날마다 순간마다 나를 살피사
내 마음을 아시고 나를 시험하사 내 뜻을 아옵소서.

내게 무슨 악한 행위가 있나 보시고
나의 죄와 허물을 사하시고 나를 영원한 길로 인도하소서.

"자기 허물을 능히 깨달을 자 누구리요 나를 숨은 허물에서 벗어나게 하소서."(시 19:12)
"또 주의 종에게 고의로 죄를 짓지 말게 하사 그 죄가 나를 주장하지 못하게 하소서 그리하면 내가 정직하여 큰 죄과에서 벗어나겠나이다."(시 19:13)

주 예수여, 내가 내 죄를 날마다 자백합니다.
나를 용서하시고 모든 불의에서 나를 깨끗하게 하소서.
"만일 우리가 우리 죄를 자백하면 그는 미쁘시고 의로우사 우리 죄를 사하시며 우리를 모든 불의에서 깨끗하게 하실 것이요."(요일 1:9)

오, 주여, 나 심히 연약합니다. 나 늘 유혹에 넘어집니다.
오늘도 나에게 나 자신과 사탄 마귀와 이 악하고 불의한 세상과 싸워 이길 힘을 주시어 주와 함께 승리하게 하소서.

날마다 순간마다 주님만 의지하고, 주님만 사모하게 하옵소서.
주님만 사랑하게 하옵소서. 주님의 뜻만 이루게 하옵소서.

샘물과 같은 보혈은 정하고 정하다
이 샘에 죄를 씻으면 정하게 되겠네

나의 도움이 어디서 올까?

시 121:1-2,
내가 산을 향하여 눈을 들리라 나의 도움이 어디서 올꼬 나의 도움이 천지를 지으신 여호와에게서로다.

도움이 필요한 인생, 인간은 남녀노소 누구를 막론하고
도움을 받지 않으면 살 수 없는 연약한 존재입니다.

일반적인 도움의 손길
   = 부모님의 사랑의 도움의 손길이 있었습니다.
   = 가족들의 따뜻한 사랑의 도움의 손길이 있었습니다.
   = 스승의 도움으로 지식과 인격을 성장시켜 왔습니다.
   = 친구들의 도움으로 약간의 힘을 얻고 위로를 받았습니다.
   = 이웃들의 사랑과 도움의 손길들로 조금의 안정을 얻었습니다.
   = 여러 분야에서 일하는 많은 사람들의 도움을 받아 현대문명의 혜택을 많이 받고 있습니다.

그러나 이러한 인간의 도움은 우리의 삶에서
잠깐의 유익을 위한 도움뿐입니다.

인생의 도움을 의지하지 말라

인간의 도움은 잠깐이라는 생애의 한계성 있습니다.
누구나 호흡이 끊어져 순식간에 죽기 때문입니다.
시 146:3~4, "방백들을 의지하지 말며 도울 힘이 없는 인생도 의지하지 말지니 그 호흡이 끊어지면 흙으로 돌아가서 당일에 그 도모가 소멸하리로다."

하나님으로 도움의 소망을 삼으라

시 146:5, "야곱의 하나님으로 자기 도움을 삼으며 여호와 자기 하나님에게 그 소망을 두는 자는 복이 있도다."
시 144:15, "이러한 백성은 복이 있나니 여호와를 자기 하나님으로 삼는 백성은 복이 있도다."

초월적인 하나님의 도우심의 손길
욥 42:1, "주께서는 무소불능하시오니 무슨 경영이든지 못 이루실 것이 없는 줄 아오니."

인생은 천지 만물을 창조하시고 섭리하시고
운행하시며 인생의 생사화복을 홀로 주관하시며
나라와 정사를 주관하신 하나님의 도우심을
받아야 살 수 있습니다.

하나님의 도우심의 모습
인간은 하나님의 도우시는 손길이 없으면

한 순간도 스스로 살 수 없는 존재입니다.
하나님께서 인간들과 동물들에게
햇빛을 주시지 않고 공기를 주시지 않고
물을 주시지 않고 생명을 보존해 주시지 않으면
모든 인간은 한순간도 살 수 없는 심히 연약한 존재입니다.

시-공간의 한계성을 초월하는 하나님의 도우심
우리는 하나님의 자녀들이라 세상 끝 날까지 지켜 주시도다!
우리를 사랑하시는 하나님은 졸지도 않으시며
주무시지도 않으시고 항상 지켜주시고 계십니다.
시 121:4, "이스라엘을 지키시는 자는 졸지도 아니하고 주무시지도 아니하시리로다."

어떤 상황에서도 실족하지 않도록 도우십니다.
시 121:3, "여호와께서 너로 실족지 않게 하시며 … "
시 121:6, "여호와께서 네 우편의 그늘이 되시나니 낮의 해가 너를 상치 아니하며 밤의 달도 너를 해치 아니하리로다."

모든 환난을 면하게 하십니다.
시 121:7, "여호와께서 너를 지켜 모든 환난을 면하게 하시며"

영혼을 지켜주십니다.
시 121:7하, "또 네 영혼을 지키시리로다."

나의 출입을 영원까지 지키십니다.

시 121:8, "여호와께서 너의 출입을 지금부터 영원까지 지키시리로다."

= 압박당하는 자를 공의로 판단하시며
= 주린 자에게 식물을 주시며
= 갇힌 자를 해방시키시며
= 소경(영적 소경도)의 눈을 여시며
= 비굴한 자를 일으켜 세우시며
= 의인을 사랑하시며
= 객을 보호하시며
= 고아와 과부를 붙들어 주시며
= 눌린 자를 자유하게 하시며
= 병든 자를 고쳐 주시며
= 가난한 자를 부요하게 하시며
= 눈물로 간절히 기도하는 자에게 응답의 기쁨을 주시며
= 자신의 죄와 허물을 온전히 자백하여 회개하는 자를 십자가의 보혈로 사하여 주시고 용서하여 주시며 흰 눈 보다 더 깨끗하게 하여 주십니다.

죽은 자도 살려 새 생명을 얻게 하십니다.

요 11:25~26, "예수께서 이르시되 나는 부활이요 생명이니 나를 믿는 자는 죽어도 살겠고 무릇 살아서 나를 믿는 자는 영원히 죽지 아니하리니 이것을 네가 믿느냐 시온아, 여호와 네 하나님은 영원히 대대에 통치하시리로다 할렐루야."(시 146:7-10)

오직 우리는 순간순간마다 하나님의 초월적인 도우심을 위하여 하나

님께 엎드려 기도해야 합니다.

편안한 마음으로 찬송하며 기도하라
시 42:11, 내 영혼아 네가 어찌하여 낙망하며 어찌하여 내 속에서 불안하여 하는고 너는 하나님을 바라라 나는 내 얼굴을 도우시는 내 하나님을 오히려 찬송하리로다."

감사함으로 하나님께 기도하라
빌 4:6~7, 아무것도 염려하지 말고 오직 모든 일에 기도와 간구로 너희 구할 것을, 감사함으로 하나님께 아뢰라 그리하면 모든 지각에 뛰어난 하나님의 평강이 그리스도 예수 안에서 너희 마음과 생각을 지키시리라."

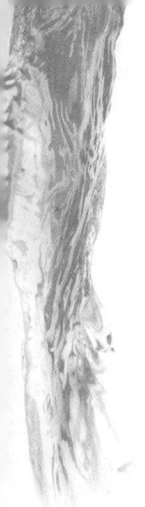

나의 도움이 어디서 오나

시 146:3~4,
방백들을 의지하지 말며 도울 힘이 없는 인생도 의지하지 말지니 그 호흡이 끊어지면 흙으로 돌아가서 당일에 그 도모가 소멸하리로다.

인간은 언제나 나의 연약한 작은 손의 힘으로
힘없고 무지하고 연약한 사람의 새끼손가락만
잡으려 애를 쓰고 있습니다.
우리의 삶은 항상 불안하고 아슬아슬하게 살아가며
실망과 낙심과 좌절과 슬픔 때문에 고통하며
두려움과 근심과 걱정 속에
삶의 방향과 균형을 잃고 버겁고 힘겨운 하루하루를
고달프게 살아가고 있음이라.

도울 힘이 없는 방백들(권세자들)과 인생을 의지하지 말라
시 146:3~4, "**방백들을 의지하지 말며 도울 힘이 없는 인생도 의지하지 말지니 그 호흡이 끊어지면 흙으로 돌아가서 당일에 그 도모가 소멸하리로다.**"

하나님께서 그들의 호흡을 끊으시면 즉시 죽음에 이르기 때문이라,
권세자는 그가 가진 권세가 결코 오래가지 못합니다.

의로운 오른손으로, 우리를 강하게 붙들어주신 하나님을 온전히 신뢰하라!

사 41:10, "두려워 말라 내가 너와 함께 함이니라 놀라지 말라 나는 네 하나님이 됨이니라 내가 너를 굳세게 하리라 참으로 너를 도와 주리라 참으로 나의 의로운 오른손으로 너를 붙들리라."

우리의 연약한 손으로 하나님의 능하신
손을 붙잡는 것이 아니요,
하나님께서 자신의 강한 의로운 오른손으로
우리를 붙잡고 계실 때만이 우리의 마음도 생각도
삶도 평안을 얻고 안전하며 기쁘고 즐겁고
소망 중에 행복하게 살아갈 수 있게 됨이라.
시 18:1, "나의 힘이 되신 여호와여 내가 주를 사랑하나이다."

하나님께 소망을 두는 자는 복을 받은 자라.

시 146:5~10, "야곱의 하나님으로 자기 도움을 삼으며 여호와 자기 하나님에게 그 소망을 두는 자는 복이 있도다 여호와는 천지와 바다와 그중의 만물을 지으시며 영원히 진실함을 지키시며 압박당하는 자를 위하여 공의로 판단하시며 주린 자에게 식물을 주시는 자시로다 여호와께서 갇힌 자를 해방하시며 여호와께서 소경의 눈을 여시며 여호와께서 비굴한 자를 일으키시며 여호와께서 의인을 사랑하시며 여호와께서 객을 보호하시며 고아와 과부를 붙드시고 악인의 길은 굽게 하시는도다 시온아 여호와 네 하나님은 영원히 대대에 통치하시리로다."

세상을 이기신 예수를 의지하고 승리하라.

요 16:33, 이것을 너희에게 이르는 것은 너희로 내 안에서 평안을 누리게 하려 함이라 세상에서는 너희가 환난을 당하나 담대하라 [내가 세상을 이기었노라]."

시험당한 자들을 능히 도우시는 예수 그리스도

히 18장에서, "자기가 시험을 받아 고난을 당하셨은즉 시험받는 자들을 능히 도우시느니라."

우주를 창조하시고 만물을 창조하시고 만물을 주관하시며
인간의 생사화복을 임의로 주관하시고, 나라의 정세와 계획과
도모를 주관하시며, 사람의 마음과 생각을 다 아시고,
우리가 날마다 행하는 모든 일들을 다 아시며,
선한 자와 악한 자를 구별하여 심판하실
우리 하나님 아버지와 우리 구주 예수 그리스도와 모든 일을
역사하시며 이루시는 능력의 성령님을 믿고 의지하며 순종하며
죽도록 충성하며 살지라.

오, 주여! 나 자주 시험에 힘없이 넘어집니다.
나 자주 유혹의 손길에 무시로 사로잡힙니다.
나 자주 믿음에 실패하여 낙심하고 괴로워합니다.
나의 힘으로는 이 악한 세상을 이길 수 없는 약한 자입니다.
나 주의 말씀 따라 온전히 순종함으로, 승리하기 원합니다.
성 삼위 하나님께서 주의 강한 능력의 의로운 오른손으로 날마다 때마다 일마다 순간순간마다 나의 마음과 생각과 삶을 붙들어 주소서.

오늘도 택한 백성의 모든 일을 합력하여 선을 이루시는 능력의 주만 바라보며 주만 의지합니다. 성령의 지혜와 계시의 정신을 충만히 부어 주시어 주의 도움으로 승리하게 하시기를 축복합니다. 할렐루야!

지혜의 근본

잠 9:10,
여호와를 경외하는 것이 지혜의 근본이요 거룩하신 자를 아는 것이 명철이니라.

성경 속 지혜는 단순한 지식이나 정보가 아닙니다.
그것은 삶을 바르게 살아가고, 하나님을 경외하며,
그분의 뜻에 따라 의사결정을 내릴 수 있도록 돕는
실천적이고 영적인 통찰력입니다.
성경은 지혜의 근원이 하나님께 있으며,
지혜는 삶의 모든 영역에 걸쳐 적용되어야 한다고 가르칩니다.
성경 속 지혜의 주요 특징과 이해를 돕는 내용들을 살펴볼까요?

1. 지혜의 근원: 하나님

- 잠 1:7, "여호와를 경외하는 것이 지식의 근본이거늘 미련한 자는 지혜와 훈계를 멸시하느니라."
- 잠 9:10, "여호와를 경외하는 것이 지혜의 근본이요 거룩하신 자를 아는 것이 명철이니라."
- 약 1:5, "너희 중에 누구든지 지혜가 부족하거든 모든 사람에게 후히 주시고 꾸짖지 아니하시는 하나님께 구하라 그리하면 주시리라."

성경은 지혜가 인간의 노력이나 타고난
재능에서 오는 것이 아니라,
하나님으로부터 오는 선물임을 명확히 합니다.
하나님을 경외하고 그분을 아는 것이
모든 참된 지혜의 시작입니다.

2. 지혜의 본질: 실천적이고 도덕적임

잠언서는 지혜가 삶의 다양한 상황에서
어떻게 적용되는지를 구체적으로 보여줍니다.
언어, 재물, 관계, 자녀 양육, 게으름, 정직함 등
실질적인 삶의 문제에 대한 교훈이 가득합니다.
지혜는 단순히 무엇이 옳고 그른지를 아는 것을 넘어,
실제로 옳은 것을 행하는 능력입니다.

- 약 3:17: "오직 위로부터 난 지혜는 첫째 성결하고 다음에 화평하고 관용하고 양순하며 긍휼과 선한 열매가 가득하고 편견과 거짓이 없나니."

이 구절은 진정한 지혜가 어떤 성품과 행동으로 나타나는지를 명확히 보여줍니다. 성결, 화평, 관용, 긍휼, 선한 열매 등은 지혜로운 삶의 결과물입니다.

3. 지혜와 명철: 분별력

지혜와 함께 '명철(understanding)'
또는 '분별력(discernment)'이라는 단어가 자주 나옵니다.
지혜가 무엇을 해야 할지 아는 것이라면,
명철은 그 이유를 이해하고 상황을 통찰하는 능력입니다.

- 잠언 4:7: "지혜가 제일이니 지혜를 얻으라 네가 얻은 모든 것을 가지고 명철을 얻을지니라."

4. 지혜의 가치

잠언 3:13-18에서, 지혜를 얻는 것이 은을 얻는 것보다 낫고, 정금보다 이로우며, 진주보다 귀하다고 말합니다. 장수와 부귀, 즐거움과 평강의 길이 지혜에 있다고 선언합니다.
이는 지혜가 물질적 가치보다 훨씬 더 큰 영구적인 가치를 지닌다는 것을 강조합니다.

5. 예수 그리스도 안에 있는 지혜

- 고전 1:30, "너희는 하나님으로부터 나서 그리스도 예수 안에 있고 예수는 하나님으로부터 나와서 우리에게 지혜와 의로움과 거룩함과 구원함이 되셨으니."

- 골 2:3, "그 안에는 지혜와 지식의 모든 보화가 감추어져 있느니라."

신약 성경은 궁극적인 지혜가 바로 예수 그리스도 안에 있다고 가르칩니다. 예수님 자체가 하나님의 지혜이며, 예수님을 아는 것이 참된 지혜를 얻는 길입니다. 우리는 예수님을 통해 하나님을 알고, 그분의 뜻을 이해하며, 지혜롭게 살아갈 수 있게 됩니다.

6. 지혜를 얻는 방법

- 기도: 하나님께 지혜를 간구합니다.(약 1:5)

말씀 연구: 하나님의 말씀을 읽고 묵상하며 순종합니다. 말씀은 우리를 지혜롭게 합니다.(시 119:98-100)

경험과 교훈: 삶의 경험과 다른 사람들의 조언(훈계)을 통해 배우고 성장합니다.(잠언)

하나님 경외: 하나님을 두려워하고 그분을 높이는 태도가 지혜의 시작입니다.

성경 속 지혜는 하나님과의 관계에서 비롯되며,
삶의 모든 영역에서 하나님이 기뻐하시는 방식으로
살아가도록 인도하는 하나님 중심의 실천적인 통찰력입니다.
이는 우리에게 올바른 길을 보여주고,
세상의 유혹과 어리석음으로부터 우리를 보호하며,
궁극적으로 영원한 생명과 복을 누리게 합니다.

소원을 이루라

잠 13:12,
소망이 더디 이루게 되면 그것이 마음을 상하게 하나니 소원이 이루는 것은 곧 생명나무니라.

소원이 더디 이루어질 때
마음이 상하는 것은 당연한 감정입니다.
특히 간절히 바라던 일이라면 실망감이나 좌절감은
더 크게 다가올 수 있죠.
하지만 이러한 감정을 다루고,
더 나아가 이를 통해 신령하고 창조적인
연구를 할 수 있는 길이 있습니다.
소원이 더디 이루어질 때의 마음 관리
소원이 늦게 이루어진다고 해서 낙담하기보다는,
이 시간을 자신을 돌아보고
성장할 기회로 삼는 것이 중요합니다.
시 20:4, 네 마음의 소원대로 허락하시고 네 모든 도모를 이루시기를 원하노라."

감정 인정하기: 먼저 마음이 상한 자신의 감정을 인정하고 받아들이세요. "나는 지금 실망했어", "이 상황이 속상해"라고 솔직하게 자신

에게 말하는 것만으로도 감정을 다스리는 첫걸음이 됩니다.

- 관점의 전환: 소원이 더디 이루어지는 것을 '실패'가 아닌 '준비 과정'이나 '더 좋은 것을 위한 기다림'으로 관점을 전환해 보세요. 때로는 하나님이 더 큰 계획을 가지고 계시기에 시간이 더 필요한 경우가 있습니다.

- 기도와 묵상: 이 시기에 더욱 깊은 기도와 묵상의 시간을 가지는 것은 큰 도움이 됩니다. 자신의 소원을 하나님께 아뢰고, 그분의 뜻이 무엇인지 구하며, 평안을 얻을 수 있습니다.

- 내려놓음: 우리가 간절히 바라는 것이지만, 때로는 우리의 뜻과 하나님의 뜻이 다를 수 있습니다. 소원에 대한 집착을 내려놓고, 하나님의 주권에 맡기는 연습을 해보세요. 이는 마음에 큰 자유와 평안을 가져다줍니다.

신령하고 창조적인 연구: 지연된 소원 속에서 배우기
소원이 더디 이루어지는 경험은 오히려 우리에게 신령하고 창조적인 통찰력을 제공하는 기회가 될 수 있습니다.

- 깊이 있는 자기 성찰: 왜 이 소원이 이루어지지 않는지에 대해 깊이 생각해보는 시간을 가질 수 있습니다. 나의 준비가 부족한 것은 아닌지, 목표 설정에 문제가 있었던 것은 아닌지, 아니면 이 소원 자체가 나의 진정한 필요와 일치하지 않는 것은 아닌지 등 내면을 깊이

들여다보는 계기가 됩니다. 이러한 자기 성찰은 영적인 성숙과 통찰력을 가져옵니다.

- 새로운 가능성 탐색: 우리가 너무 한 가지 소원에만 매몰되어 있을 때, 다른 중요한 기회나 가능성을 놓칠 수 있습니다. 소원이 지연됨으로써, 미처 생각지 못했던 새로운 길이나 대안을 탐색하고, 더욱 창조적인 방법으로 목표에 접근할 수 있습니다. 이는 우리가 예상치 못한 방향으로 나아가도록 이끌 수 있습니다.

- 인내와 연단의 시간: 기다림은 인내를 가르치고, 인내는 연단을 만듭니다. 이 과정에서 우리는 더욱 강하고 지혜로운 사람으로 성장할 수 있습니다. 이는 단순히 소원의 성취 여부를 넘어, 우리의 인격과 신앙이 성숙해지는 중요한 훈련의 시간이 됩니다. 신령한 관점에서 볼 때, 이 연단의 과정은 우리를 더욱 정금 같이 만드는 시간입니다.

- 하나님의 뜻과 섭리 탐구: 소원이 더디 이루어지는 것은 하나님의 더 큰 섭리 안에 있을 수 있습니다. "왜 지금이 아닌가?"라는 질문을 통해 우리는 하나님의 시간과 방법에 대해 더 깊이 고민하게 됩니다. 이는 우리의 시야를 넓히고, 제한적인 인간의 계획을 넘어 하나님의 광대한 계획을 이해하려는 신령한 탐구로 이어집니다. 때로는 이 지연이 더 큰 유익을 위한 것임을 나중에 깨닫게 됩니다.

소원이 더디 이루어질 때의 상한 마음을 잘 다스리고,
이를 신령하고 창조적인 성장의 기회로 삼는다면,
우리는 더욱 견고하고 지혜로운 사람으로
거듭날 수 있을 겁니다.
지금, 더디 이루어지는 소원 때문에
힘든 시간을 보내고 계신가요?

히 12:2, "믿음의 주요 또 온전케 하시는 이인 예수를 바라보자 저는 그 앞에 있는 즐거움을 위하여 십자가를 참으사 부끄러움을 개의치 아니하시더니 하나님 보좌 우편에 앉으셨느니라."
시 21:2, "그 마음의 소원을 주셨으며 그 입술의 구함을 거절치 아니하셨나이다 (셀라)."

모든 것이 헛되도다

전 1:2,
전도자가 가로되 헛되고 헛되며 헛되고 헛되니 모든 것이 헛되도다.

'모든 것이 헛됨'은 전도서의 핵심 주제입니다. 단순히 삶의 무의미함을 한탄하는 것을 넘어, 깊은 영적인 통찰을 담고 있습니다.
솔로몬은 삶의 다양한 경험, 즉 지혜, 쾌락, 부, 노동 등을 통해 얻는 모든 것이 궁극적으로는 만족을 주지 못하고 사라져 버린다는 사실을 깨닫습니다. 이는 인간이 아무리 애쓰고 성취해도 결국 죽음이라는 한계에 부딪히기 때문입니다.
하지만 전도서는 여기서 멈추지 않습니다. "모든 것이 헛되도다"는 깨달음은 오히려 우리를 하나님께로 이끄는 중요한 단계입니다.

1. 허무를 통한 초월의 발견

전도서의 허무주의는 염세적인 절망이 아닙니다. 오히려 세상의 모든 가치가 상대적이며 일시적임을 깨닫게 함으로써, 우리가 영원하고 변치 않는 것에 시선을 돌리도록 돕습니다. 인간의 지혜와 노력으로 얻는 만족은 제한적이며, 진정한 만족은 하나님 안에서만 찾을 수 있다는 메시지를 담고 있습니다.
세상의 모든 추구와 욕망이 결국은 헛된 것임을 인정할 때, 우리는 비로소 진정한 의미와 목적을 찾아 나설 수 있습니다.

2. 현재를 살아가는 지혜

'모든 것이 헛되도다.'라는 깨달음은 우리가 과거에 대한 후회나 미래에 대한 불안에 얽매이지 않고, 현재 순간의 삶을 충실히 살아가도록 격려합니다. 전도서 기자는 먹고 마시며 자기 수고로 낙을 누리는 것이 하나님의 선물이라고 말합니다.

이는 삶의 작은 기쁨과 일상적인 순간들을 감사하며 누리는 지혜를 의미합니다. 물질적인 소유나 성취에 집착하지 않고, 주어진 삶을 겸손하게 받아들이며 현재를 살아가는 것이 중요합니다.

3. 유한성 안에서의 영원성 추구

인간의 삶이 유한하다는 사실은 때로 절망감을 안겨줄 수 있습니다. 그러나 솔로몬은 이러한 유한성 속에서 하나님의 주권과 섭리를 인정하도록 촉구합니다. 우리가 세상에서 얻는 모든 것이 헛되다는 사실은, 우리가 진정으로 추구해야 할 것이 세상의 것이 아니라 하나님과의 관계임을 역설합니다.

삶의 허무함에서 우리는 궁극적인 의미와 소망을 하나님께 두게 되며, 이를 통해 영원한 가치를 발견하게 됩니다. 하찮은 것에 투자하지 말고 하늘의 것에 가치를 두고 참된 것에 시간 물질 삶의 목적을 두라. 궁극적으로, '모든 것이 헛되도다'라는 말은 삶의 진정한 의미와 목적이 어디에 있는가를 끊임없이 질문하게 합니다.

불 같은 사랑

아 8:7,
이 사랑은 많은 물이 꺼지지 못하겠고 홍수라도 엄몰하지 못하나니 사람이 그 온 가산을 다 주고 사랑과 바꾸려 할지라도 오히려 멸시를 받으리라.

성경은 하나님과 그의 백성 간의 관계를 여러 가지로 표현합니다.
주인과 종, 왕과 백성, 아버지와 자녀, 스승과 제자, 남편과 아내 등의 관계로 말씀합니다.
그중에 오늘 읽은 아가의 말씀은 하나님과 우리를
연인관계로 표현하는데, 이 관계를 대단히
아름답고 정열적인 문장들로 나타내고 있습니다.
이 사랑의 관계는 너무나도 밀접하여
불같이 뜨거운 사랑이기에 아무것도 끊을 수 없습니다.
"많은 물도 이 사랑을 끄지 못하겠고
홍수라도 삼키지 못하나니
그리고 사람이 그의 온 제물을 다 준다 할지라도 그
사랑과 바꾸려 할지라도 오히려 멸시를 받으리라."

단순히 남녀 간의 사랑을 넘어, 하나님의 사랑이 얼마나 견고하고 영원한지를 보여주는 깊은 영적 의미를 담고 있습니다. 영원히 꺼지지 않는 사랑의 속성, 아가 8:7이 묘사하는 사랑은 어떤 시련이나 대가로도 소멸되거나 대체될 수 없는 속성을 가집니다.

- 어떤 환난에도 굴하지 않는 사랑: "많은 물도 이 사랑을 끄지 못하겠고 홍수라도 삼키지 못하나니"는 아무리 거센 시련이나 환난이 닥쳐도 이 사랑은 결코 흔들리거나 사라지지 않음을 나타냅니다. 이는 우리가 삶에서 겪는 고난과 역경 속에서도 변함없이 우리를 붙드시는 하나님의 사랑을 상징합니다.

- 어떤 대가로도 살 수 없는 사랑: "사람이 그의 온 가산을 다 주고 사랑을 바꾸려 할지라도 오히려 멸시를 받으리라"는 이 사랑이 세상의 어떤 가치나 물질적인 것으로도 거래되거나 얻을 수 없는 지고한 것임을 강조합니다. 하나님의 사랑은 값없이 주어지는 은혜이며, 인간의 노력이나 대가로는 결코 얻을 수 없는 신령한 선물입니다.

영적이고 신령한 사랑으로서의 하나님의 사랑

하나님이 나를 향한 사랑은 인간의 감정을 넘어선 영적이고 신령한 차원의 사랑을 보여줍니다. 이는 곧 우리를 향한 하나님의 사랑입니다.

- 변함없는 사랑: 하나님께서는 우리가 죄인 되었을 때부터 독생자 예수 그리스도를 주시기까지 우리를 사랑하셨고(롬 5:8), 그 사랑은 어제나 오늘이나 영원토록 동일합니다. 우리의 상황이나 감정에 따라 변하는 인간의 사랑과 달리, 하나님의 사랑은 언제나 우리를 향

해 고정되어 있습니다.

- 무조건적인 사랑: 하나님의 사랑은 우리가 무엇을 해서 얻어내는 것이 아니라, 우리가 어떠하든지 상관없이 주어지는 무조건적인 사랑입니다. 우리의 연약함과 부족함에도 불구하고, 하나님께서는 우리를 있는 모습 그대로 사랑하시며 받아주십니다.

- 희생적인 사랑: 예수 그리스도의 십자가는 하나님의 사랑의 궁극적인 표현입니다. 죄 없으신 분이 우리 죄를 대신하여 죽으심으로, 하나님께서는 우리를 향한 그분의 사랑이 얼마나 희생적이고 완전한지를 증명하셨습니다.

- 생명을 주는 사랑: 하나님의 사랑은 단순히 감정적인 차원을 넘어, 우리에게 새 생명을 주고 영원한 삶으로 인도하는 사랑입니다. 이 사랑 안에서 우리는 죄에서 벗어나 진정한 자유와 평화를 누릴 수 있습니다.

우리의 삶 속에서 경험하는 꺼지지 않는 사랑

이처럼 꺼지지 않는 하나님의 영적이고 신령한 사랑은 우리의 삶 전반에 걸쳐 역사합니다. 우리가 넘어지고 실망할 때에도, 길을 잃고 방황할 때에도, 하나님은 변함없이 우리를 찾아오시고 위로하시며 다시 일어설 힘을 주십니다. 이 사랑은 우리의 삶의 모든 고난과 역경을 이겨낼 수 있는 궁극적인 힘의 원천이 됩니다.

말세지말을 살아가는 우리에게 하나님의 사랑이 얼마나 위대하고 영원한지를 상기시켜 줍니다. 이 사랑은 세상의 어떤 것도 끊을 수 없으며, 모든 것을 초월하는 능력으로 우리를 붙들고 있습니다.

만약 사랑이 끊어질 것을 예상하고 다른 사랑을 계획한다면 그는 이미 사랑하지 않는 사람입니다.
사랑하는 자는 그 사랑의 지속을 믿고 오직 그것에
충실할 뿐입니다. 그리고 그는 담대하게 말합니다.
"아무것도 이 사랑을 끊을 수 없다!"
사도 바울은 이 진리를 분명히 깨달았기에
로마에 있는 성도들에게 편지를 써서 보냅니다.
롬 8:38~39, "내가 확신하노니 사망이나 생명이나 천사들이나 권세자들이나 현재 일이나 장래 일이나 능력이나 높음이나 깊음이나 다른 어떤 피조물이라도 우리를 우리 주 그리스도 예수 안에 있는 하나님의 사랑에서 끊을 수 없으리라."

바울의 이 확신에 찬 고백이
오늘, 우리의 고백이 되기를 간절히 축복합니다.

우리를 사랑하시되 끝까지 사랑하시는 하나님!
어떠한 상황에서도 하나님 사랑이 변치 않음을 믿게 하옵소서. 또한 성령으로 말미암아 주님을 향한 우리의 사랑도 변치 않고 영원히 지속하게 하옵소서.
사랑으로 세상에 오사 우리를 구원하신
예수 그리스도의 이름으로 기도합니다.

너희는 여호와께 돌아오라

사 1:2,
하늘이여 들으라 땅이여 귀를 기울이라 여호와께서 말씀하시기를 내가 자식을 양육하였거늘 그들이 나를 거역하였도다.

지금은 은혜를 받을 때요 구원의 날이로다.
구원의 큰 은혜를 경험하게 될 기회, 여호와께로 돌아오라.

이스라엘 백성은 우리의 거울입니다.
하나님께서 보시기에 이스라엘 백성의
신앙의 모습은 율법적이요 계율적이요, 형식적이었습니다.
그들은 입술로는 하나님을 공경하나 마음은 하나님으로부터 멀리 떠나 있도다. 그러므로 많이 매를 맞고도 깨닫지 못한 그들을 향해 하나님께서 말씀하시기를 이제 너희는 내게로 돌아오라 간절히 부르시고 계십니다

이스라엘 백성들은 영적인 것과 신령한 면에 대해서는 전혀 관심도 없고 생각하지도 않았습니다.
즉 하나님과의 깊은 만남, 하나님과의 거룩한 교제, 하나님께 대한 신뢰, 주님의 십자가 사랑, 성령으로 변화된 삶, 자신의 영혼에 관한 신

령한 것에 대해서는 아무런 관심이 없어졌던 것입니다.
그러므로 자기 자신의 참모습마저 잃어버렸습니다. 허울 좋게 하나님을 잘 섬기는 것처럼 살아가고 있었습니다. 이러한 이스라엘을 향하여 너희는 회개하고 하나님께 돌아오라고 엄히 경고하시고 재촉하고 있습니다.

"너희는 여호와께 돌아오라."
이 말씀은 이스라엘의 마음 중심을 요구하시는
하나님 아버지의 사랑의 음성입니다.
하나님은 우리의 마음을 다 알고 계시기에
망가진 우리의 마음을 회복 하시기를 원하신
하나님의 간절한 음성입니다.
'여호와를 힘써 알라.'고 말씀하고 있습니다.
이 호소는 최선을 다해 하나님을 찾고 구하고 두드려
친히 만나보라는 것입니다.
겉이 아닌 마음 중심으로 전심전력하여
거룩하신 하나님을 구하라는 것입니다.
하나님은 우리의 마음을 원하십니다.
우리의 마음이 온전히 하나님만을 향하기를
소원하고 바라고 계십니다.
그들은 겉으로는 하나님을 믿고 생각하는 것 같았지만
마음은 세상 것으로 가득 차있었습니다.

마음 중심에는 하나님이 계시지 않고
하나님을 인정치 않으면서 입술로만 하나님을 찾았습니다.
그렇기 때문에 하나님은 저들에 대해
진노하실 수밖에 없으셨습니다.
여호와께 징계를 받아 찢겨졌고 상처가 났습니다.
지금 나의 신앙생활은 하나님께서 보실 때 어떠할까?
사 1:4~6, "슬프다 범죄 한 나라요 허물진 백성이요 행악의 종자요 행위가 부패한 자식이로다 그들이 여호와를 버리며 이스라엘의 거룩하신 이를 만홀히 여겨 멀리하고 물러갔도다 너희가 어찌하여 매를 더 맞으려고 패역을 거듭하느냐 온 머리는 병들었고 온 마음은 피곤하였으며 발바닥에서 머리까지 성한 곳이 없이 상한 것과 터진 것과 새로 맞은 흔적 뿐이어늘 그것을 짜며 싸매며 기름으로 부드럽게 함을 받지 못하였도다."

그럴지라도 하나님께로 회개하고 돌아갈 때 …
사 1:18, "여호와께서 말씀하시되 오라 우리가 서로 변론하자 너희의 죄가 주홍 같을지라도 눈과 같이 희어질 것이요 진홍 같이 붉을지라도 양털 같이 희게 되리라."

하나님께서 극악한 죄악을 용서하시고
깨끗하게 하시고 사랑으로 품어 주십니다.

사랑의 하나님께서는 우리의 아픔을 싸매어 주시고
우리의 상처를 치료해 주실 것이라.
호 6:1~2, "오라 우리가 여호와께로 돌아가자 여호와께서 우리를 찢으셨으나 도로 낫게 하실 것이요 우리를 치셨으나 싸매어 주실 것임이라 여호와께서 이틀 후에 우리를 살리시며 제 삼일에 고쳐주시리로다."

우리가 하나님을 떠나 있는 기간이 아무리 길어도
하나님께로 돌아가기만 하면 하나님께서는
그 즉시 우리를 구하여 주실 것이라.
아버지의 품을 저버리고 집 떠난 탕자를
계속해서 기다리셨던 아버지가 집으로 돌아오는
아들의 모습을 보자마자 달려가서
입 맞추고 반갑게 맞아들인 것처럼
하나님께서도 우리가 회개하고 하나님께로
돌아오기만 하면 당신의 구원의 손길을 펴시되
곧 안아주시고 품어 주십니다.
하나님이 우리의 마음에 임할 때, 우리의 영혼을 소성케 하고,
하나님을 찾을 때, 나를 아들로 대해 주시고,
사랑으로 대해 주신다는 것을 알게 됩니다.

이렇게 하나님을 바로 알 때 내가 하나님의
사랑 속에 있는 가치 있는 존재라는 것을 발견하게 됩니다.
메말랐던 내 마음에 주님의 사랑과 은혜가
충만하게 임하게 됩니다.
말씀의 은혜의 단비를 체험하게 됩니다.
언제부터인가 우리의 마음은 하나님으로부터
멀어졌습니다. 그래서 매도 맞았고 몸과 마음에
상처도 났습니다.
이제, 다시 하나님을 찾아야 합니다.

그렇게 할 때, 만나 주시고 새벽빛 같은 은총,
늦은 비 같은 성령의 단비로 심령을 채워 주실 것입니다.
호 6:3, "그러므로 우리가 여호와를 알자 힘써 여호와를 알자 그의 나오심은 새벽빛같이 일정하니 비와 같이, 땅을 적시는 늦은 비와 같이 우리에게 임하시리라 하리라."

우리를 창조하시고, 우리를 택하시고, 우리를 구원하시고, 우리를 부르시고, 우리를 사랑하신 하나님 아버지께로
'천부여 의지 없어서 손들고 옵니다.'하고 돌아가자.
우리 죄를 지시고 십자가에 피 흘려 우리 대신 죽어 주신 예수 그리스도의 사랑을 힘써 알자.

거룩하신 하나님의 자녀여!
이 나라 권력자들이 하나님을 두려워하지 않고
오히려 하나님의 교회를 핍박하고 예배까지
금지시키려는 악한 자들의 패역함과 불법이 난무하는
이 나라의 현실을 직시하고
깨어 합심하여 기도하자.
그리고 목숨을 걸고
주의 이름으로 이 나라의 장래와 민족의 성결과
영적 회복을 위해 이 나라의 재앙을 막기 위해
지금까지 기도하지 못한 우리의 죄가 큰 것을 깨닫고
철저히 눈물로 회개하며 마음과 뜻을 모아 함께 간절히 기도할지라.

주여! 하나님의 사랑을 배반하고, 부패하고, 패역하고,
하나님을 대적하며 정의와 공의로 심판하실 하나님을
두려워하지 않는 이 나라에 세움 받은
주의 종들의 죄와 이 민족의 죄를 용서하여 주옵소서
오, 주여! 이 나라에 정의와 평화를 위하여 깨어서 기도하여
다시 회복시켜 주옵소서.
영원히 긍휼히 여겨 주소서 영원히 사랑하여 주소서.
영원히 함께 하여 주소서 …
예수 그리스도의 이름으로 기도합니다. 아멘

찾으라

사 55:6,
너희는 여호와를 만날만한 때에 찾으라 가까이 계실 때에 그를 부르라.

하나님을 찾고 찾으면 만날 것입니다.
우리가 하나님을 찾아야 할 이유?
하나님은 우리의 생사화복을 주관하시기 때문이요
하나님은 참 사랑의 아버지, 하나님이시기 때문이요
하나님은 우리가 찾고 찾으면
따뜻한 사랑으로 기뻐하시며 언제나 만나주시기 때문이요
하나님은 우리에게 평안과 소망을 주시고
우리의 간절한 소원의 기도를 순간순간마다
응답해 주시는 자애롭고 참 좋으신
우리 아버지이시기 때문입니다.

렘 29:11~13, "나 여호와가 말하노라 너희를 향한 나의 생각은 내가 아나니 재앙이 아니라 곧 평안이요 너희 장래에 소망을 주려 하는 생각이라 너희는 네게 부르짖으며 와서 내게 기도하면 내가 너희를 들을 것이요 너희가 전심으로 나를 찾고 찾으면 나를 만나리라."

하나님을 믿는다 하면서도 하나님을 영적으로,

또 삶 속에서, 한 번도 만나지 못했다면
이는 믿음에 굳게 서지 못한 어린아이의 신앙이라
그리고 확실성을 갖지 못한 유약한 신앙이라

1. 하나님을 찾는 방법

구하라, 찾으라, 두드리라.
마 7:7~8, "구하라 그리하면 너희에게 주실 것이요 찾으라 그리하면 찾아낼 것이요 문을 두드리라 그리하면 너희에게 열릴 것이니 구하는 이마다 받을 것이요 찾는 이는 찾아낼 것이요 두드리는 이에게는 열릴 것이니라."

간절히 기도하고, 신령과 진정으로 예배하고
구원의 감격 속에 기쁨으로 찬양하며
하나님을 부지런히 찾고 간절히 기도로, 문을 두드리면
하나님을 만날 수 있는 응답의 문이 활짝 열려질 것이라.
찾겠다는 기대가 없으면 결코 찾을 수 없습니다.
이런 식으로 말하는 사람들이 있습니다.
'아, 하나님이 저기 계시긴 하지만 너무 멀어서
나는 절대로 만날 수 없을 거야,
나는 죄가 너무 많아 거룩하신 하나님이
나를 만나 주지 않으실 거야,'
과연, 그렇습니까?
잠 8:17~22, "너희가 전심으로 나를 찾고 찾으면 나를 만나리."

이 약속을 믿으십시오.

주님께서 말씀을 하십니다.
라고 한 내 말을 믿기 바란다.

- 나는 언제나 네 곁에 아주 가까이 있단다.
마음의 눈을 열고 마음과 정성을 다해 진심으로 나를 찾아보아라 내가 지금 네 곁에 있다는 것을 확실히 믿어라 사실, 나는 언제나 네 안에 함께 있단다.

2. 하나님을 찾는 자의 복

잠 8:17~21, "나를 사랑하는 자들이 나의 사랑을 입으며 나를 간절히 찾는 자가 나를 만날 것이니라 부귀가 내게 있고 장구한 재물과 의도 그러하니라 내 열매는 금이나 정금보다 나으며 내 소득은 천은보다 나으니라 나는 의로운 길로 행하며 공평한 길 가운데로 다니나니 이는 나를 사랑하는 자로 재물을 얻어서 그 곳간에 채우게 하려 함이니라."

3. 주를 멀리한 자와 가까이한 자의 결과

하나님을 멀리한 자
시 73:27, "대저 주를 멀리하는 자는 망하리니 음녀 같이 주를 떠난 자를 주께서 다 멸하셨나이다."

하나님을 가까이하는 자
시 73:28, "하나님께 가까이 함이 내게 복이라 내가 주 여호와를 나의 피난처로 삼아 주의 모든 행사를 전파하리이다."

주를 사랑한 자의 복

시 91:142, "하나님이 가라사대 저가 나를 사랑한즉 내가 저를 건지리라 저가 내 이름을 안즉 내가 저를 높이리라."

주께 기도하는 자의 복

시 91:15~16, 저가 내게 간구하리니 내가 응답하리라 저희 환난 때에 내가 저와 함께하여 저를 건지고 영화롭게 하리라 내가 장수함으로 저를 만족하게 하며 나의 구원으로 보이리라 하시도다."
시 50:15, "환난 날에 나를 부르라 내가 너를 건지리니 네가 나를 영화롭게 하리라."

죄와 허물을 용서하여 주시려고 우리를 오라고 초청하신 하나님

사 1:1, "여호와께서 말씀하시되 오라 우리가 서로 변론하자 너희 죄가 주홍 같을지라도 눈과 같이 희어질 것이요 진홍같이 붉을지라도 양털 같이 되리라."

삶의 무거운 짐을 진 자들을 초청하심

마 11:28~30, "수고하고 무거운 짐 진 자들아 다 내게로 오라 내가 너희를 쉬게 하리라 나는 마음이 온유하고 겸손하니 나의 멍에를 메고 내게 배우라 그리하면 너희 마음이 쉼을 얻으리니 이는 내 멍에는 쉽고 내 짐은 가벼움이라 하시니라."

예수 그리스도로 말미암아 하나님과 하나가 되었음을 알라.

요 17:21~23, "아버지여, 아버지께서 내 안에, 내가 아버지 안에 있는 것 같이 그들도 다 하나가 되어 우리 안에 있게 하사 세상으로 아버지께서 나를 보내신 것을 믿게 하옵소서 내게 주신 영광을 내가 그들에게 주었사오니 이는 우리가 하나가 된 것 같이 그들도 하나가 되게 하려 함이니이다 곧 내가 그들 안에 있고 아버지께서 내 안에 계시어 그들로 온전함을 이루어 하나가 되게 하려 함은 아버지께서 나를 보내신 것과 또 나를 사랑하심 같이 그들도 사랑하신 것을 세상으로 알게 하려 함이로소이다."

예수님은 하나님 안에, 하나님은 예수님 안에,
예수님은 내 안에, 나는 예수님 안에,
성령님이 우리 안에 있어 우리가 하나가 되었음이라. 이것이 크고 놀라운 비밀이요 신비요 놀라운 하나님의 사랑이요 측량할 수 없는 주님의 은혜의 비밀이라. [호크마 지혜이신, 예수를 찾으면 만나리]

잠 2:4, "은을 구하는 것 같이 그것을 구하며 감추인 보배를 찾는 것 같이 그것을 찾으면."
마 22:14, "청함을 받은 자는 많되 택함을 입은 자는 적으니라."

날마다 때마다 일마다 숨 쉬는 순간마다
성결과 정결로 단장하며 주님 앞에 설 때까지
거룩한 삶을 살아 드려야 합니다.

하나님의 저울

단 5:27.
데겔은 왕이 저울에 달려서 부족함이 되었다 함이요.

데겔, 벨사살 왕이 하나님의 공의로운 저울에 달렸을 때,
그의 삶과 통치가 하나님의 기준에
미치지 못했음을 선언하는 구절입니다.
이는 단순히 물질적인 부족함을 넘어,
영적, 도덕적, 신앙적인 면에서의 결함을 의미합니다.
하나님의 저울에 만족한 신앙이란 과연 어떠해야 할까요?
벨사살 왕의 실패와 다니엘의 삶을 통해
몇 가지 중요한 교훈을 얻을 수 있습니다.

1. 하나님의 주권을 인정하는 신앙

벨사살 왕은 자신의 선왕 느부갓네살이 하나님의 심판으로
겸손해지는 것을 보고도 교훈을 얻지 못했습니다.
오히려 하나님의 성전 기명을 가져와 우상을 찬양하고
방탕한 잔치를 벌이며 하나님을 모독했습니다.
하나님의 저울에 만족하는 신앙은

하나님께서 만물의 주권자이시며,
우리의 모든 삶과 역사를 주관하신다는
사실을 온전히 인정하는 것입니다.
자신의 능력이나 세상적인 권력을 의지하는 것이 아니라,
모든 것이 하나님의 은혜임을 고백하며
겸손히 하나님을 경외하는 태도가 필요합니다.

2. 말씀에 순종하고 행하는 신앙

벨사살 왕은 하나님의 말씀을 알면서도
의도적으로 불순종했습니다.
반면에, 다니엘은 어떠한 상황 속에서도
하나님의 말씀을 붙들고 순종하는 삶을 살았습니다.
하나님의 저울에 합당한 신앙은
하나님의 말씀을 듣고 깨닫는 것에서 나아가,
그 말씀대로 삶 속에서 실천하고
순종하는 것을 의미합니다.

3. 중심을 보시는 하나님을 아는 신앙

하나님은 사람처럼 외모나 겉모습을 보지 않으시고,
우리의 마음과 중심을 보십니다.(삼상 16:7)
벨사살은 겉으로는 화려한 왕이었지만,

그의 내면은 교만과 불신으로 가득했습니다.
하나님의 저울에 만족하는 신앙은
겉으로 드러나는 종교적인 행위나 업적보다는,
진심으로 하나님을 사랑하고 의지하는 마음,
그리고 이웃을 향한 사랑과 겸손이
얼마나 깊은지를 중요하게 여깁니다.

4. 회개와 겸손으로 돌이키는 신앙

벨사살 왕은 느부갓네살 왕의 교만과 심판을 보고도
회개하지 않고 오히려 더 큰 죄를 저질렀습니다.
하나님의 저울에 부족함이 없다는 것은
인간의 힘으로는 불가능합니다.
모든 인간은 죄인이기에 하나님의 저울에 달리면
부족할 수밖에 없습니다.
그러나 하나님의 저울에 만족하는 신앙은
자신의 부족함을 인정하고, 끊임없이 회개하며,
겸손히 하나님의 은혜와 긍휼을 구하는 신앙입니다.
예수 그리스도의 십자가 보혈을 의지하여 죄 사함을 받고,
그 은혜 안에서 새롭게 변화되기를 힘쓰는 삶입니다.

과연, 이 시대에 교회와 성도들이 얼마나
하나님의 마음에 합한 자가 될까요?

말로만 주여주여 하는 자,
청함은 받은 자 많으나 택함을 받은 자가 적다고 하셨고
좁은 문으로 들어가는 자가 적다고 하셨으니
구원을 얻기 위해 끝까지 견디는 자는
과연 얼마나 될까요?

하나님의 저울에 만족한 신앙은
하나님의 주권을 인정하고
겸손히 그분께 순종하며,
겉모습보다는 중심의 진실함을 추구하고,
끊임없이 자신의 부족함을 회개하며
하나님의 은혜를 구하는 신앙이라 할 수 있습니다.
오늘 우리의 신앙은 하나님의 저울에 달렸을 때
어떤 무게를 지닐까요?

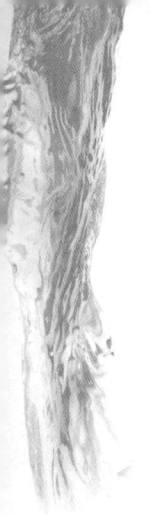

동시대를 살게 하시는 주님

슥 10:9,
내가 그들을 열방에 뿌리려니와 그들이 원방에서 나를 기억하고 그들의 자녀와 함께 다 생존하여 돌아올찌라.

성경 창세기에 따르면, 아담은 930년을 살았습니다.
아담의 족보를 통해서 그의 후손들과 동시대에
얼마나 살았는지 계산할 수 있습니다.
아담은 9대손인 라멕과 56년 동안 동시대에 살았습니다.
라멕은 아담이 874세일 때 태어났습니다.
또한 아담은 다음과 같은 후손들과 함께 살았습니다.

= 셋(아들): 아담이 130세에 셋을 낳았고,
　　　아담은 셋과 800년 동안 동시대에 살았습니다.
= 에노스(손자): 아담이 235세일 때 태어났고,
　　　아담은 에노스와 695년 동안 동시대에 살았습니다.
= 게난(증손자): 아담이 325세일 때 태어났고,
　　　아담은 게난과 605년 동안 동시대에 살았습니다.
= 마할랄렐(고손자): 아담이 395세일 때, 태어났고,
　　　아담은 마할랄렐과 535년 동안 동시대에 살았습니다.

- = 야렛(6대손): 아담이 460세일 때, 태어났고,
  아담은 야렛과 470년 동안 동시대에 살았습니다.
- = 에녹(7대손): 아담이 622세일 때, 태어났고,
  아담은 에녹과 308년 동안 동시대에 살았습니다.
  - 참고로 에녹은 365세에 죽음을 보지 않고 하나님께로 데려가심을 받았습니다.
- = 므두셀라(8대손): 아담이 687세일 때, 태어났고,
  아담은 므두셀라와 243년 동안 동시대에 살았습니다.
- = 라멕(9대손): 아담이 874세일 때, 태어났고,
  아담은 라멕과 56년 동안 동시대에 살았습니다.

아담은 10대손인 노아가 태어나기 126년 전에 죽었습니다.

우리는 함께 주님의 나라를 상속받을 후사입니다.
눈앞에 보이는 모든 만물을 만드시고
누리게 하신 이에게 감사하라.
그 인자하심이 영원함이로다.
함께 역사를 이루어가는 모든 지인들이
있음을 인하여 감사하라.
그 인자하심이 영원함이로다.
전 1:4, "한 세대는 가고 한 세대는 오되 땅은 영원히 있도다."

나는 과연 몇 세대와 함께 살아갈 수 있을까?

시 39:4, "여호와여 나의 종말과 연한의 어떠함을 알게 하사 나로 나의 연약함을 알게 하소서."

시 90:10, "우리의 연수가 칠십이요 강건하면 팔십이라도 그 연수의 자랑은 수고와 슬픔뿐이요 신속히 가니 우리가 날아가나이다 우리에게 우리 날 계수함을 가르치사 지혜의 마음을 얻게 하소서."

시 143:8, "아침에 나로 주의 인자한 말씀을 듣게 하소서 내가 주를 의뢰함이니이다 나의 다닐 길을 알게 하소서 내가 내 영혼을 주께 받듦이니이다."

하나님의 특별한 소유

말 3:17,
만군의 여호와가 이르노라 내가 나의 정한 날에 그들로 나의 특별한 소유를 삼을 것이요 또 사람이 자기를 섬기는 아들을 아낌같이 내가 그들을 아끼리니.

'나의 특별한 소유로 삼을 것이요.'라는 구절은
성경에서 이스라엘 백성을 향한 하나님의 선택과
언약적 관계를 나타낼 때 주로 사용됩니다.

언약적 선택과 분리됨

이 구절은 하나님께서 시내산에서 이스라엘 백성에게
모세를 통해 말씀하신 내용에서 찾을 수 있습니다.
출 19:5, "세계가 다 내게 속하였나니 너희가 내 말을 잘 듣고 내 언약을 지키면 너희는 열국 중에서 내 소유가 되겠고(히브리어: סְגֻלָּה, 세굴라)."

'소유'는 단순히 재산을 의미하는 것을 넘어,
특별히 선택되고 분리된, 보배롭고 귀한 존재를 뜻합니다.
영적으로 이것은 다음과 같은 의미를 가집니다.

- 택함받은 백성: 하나님은 모든 민족 중에서 이스라엘을 특별히 선

택하셨습니다. 이는 그들의 공로 때문이 아니라, 순전히 하나님의 주권적인 사랑과 은혜 때문입니다. 신약 시대에는 예수 그리스도를 믿는 모든 자가 영적인 이스라엘, 즉 하나님의 택함 받은 백성이 됩니다. 우리는 세상의 다른 사람들처럼 죄 가운데 살아가는 것이 아니라, 하나님에 의해 구별된 존재가 됩니다.

- 하나님의 친밀한 관계: '특별한 소유'가 된다는 것은 하나님과의 깊고 친밀한 언약적 관계를 의미합니다. 단순히 피조물이 아니라, 하나님이 직접 돌보시고 보호하시며 인도하시는 자녀의 관계입니다. 이는 우리가 하나님의 음성을 듣고, 그분의 뜻을 따르며, 그분의 임재를 경험할 수 있는 특권을 가졌음을 나타냅니다.

- 세상과의 구별: 하나님의 소유가 된다는 것은 우리가 세상 가치관과 구별되어야 함을 의미합니다. 세상의 유행을 따르거나, 세상의 이익만을 추구하는 것이 아니라, 하나님의 말씀과 뜻을 따라 거룩하게 살아야 합니다. 우리의 생각, 말, 행동이 하나님의 영광을 드러내고 그분의 성품을 반영해야 합니다.

목적과 사명

하나님께서 이스라엘을 자신의 소유로
삼으신 데에는 분명한 목적이 있었습니다.
그들은 단순히 복을 받기 위해 선택된 것이 아니라,

하나님의 거룩함을 세상에 드러내고
그분의 뜻을 이루는 도구가 되기 위함이었습니다.

- 거룩한 백성: 출애굽기 19: 6에서 **"너희가 내게 대하여 제사장 나라가 되며 거룩한 백성이 되리라"**고 말씀하십니다. 제사장 나라는 하나님과 세상 사이에서 중보자 역할을 하는 존재입니다. 영적으로 이는 그리스도인들이 세상 사람들에게 하나님을 알리고, 하나님의 사랑을 전하는 역할을 감당해야 함을 의미합니다. 우리의 삶을 통해 하나님의 선하심과 진리를 증거해야 합니다.

- 하나님의 영광을 드러냄: 우리가 하나님의 특별한 소유가 된 것은 우리 자신만을 위한 것이 아닙니다. 우리의 삶을 통해 하나님의 위대하심과 아름다움을 세상에 보여주는 것이 우리의 궁극적인 목적입니다. 우리가 순종하고 거룩하게 살 때, 사람들은 우리를 통해 하나님의 살아계심과 그분의 능력을 보게 될 것입니다.

- 증인으로서의 사명: 예수님은 승천하시기 전에 제자들에게 **"오직 성령이 너희에게 임하시면 너희가 권능을 받고 예루살렘과 온 유대와 사마리아와 땅 끝까지 이르러 내 증인이 되리라"**(사도행전 1:8)고 말씀하셨습니다. 하나님의 특별한 소유인 우리는 주님의 증인으로서 복음을 전하고, 소외된 자들을 돌보며, 사랑과 정의를 실천하는 사명을 가지고 있습니다.

신령한 축복과 책임

'나의 특별한 소유로 삼을 것이요.'라는 구절은
단순히 지위의 부여를 넘어,
깊은 영적 축복과 함께 따르는 책임을 강조합니다.

- 하나님의 보호와 공급: 하나님은 자신의 소유를 절대 버리지 않으시며, 친히 보호하시고 모든 필요를 공급하십니다. 이는 신실하신 하나님의 약속이며, 우리가 어떤 어려움에 처하든지 그분의 신실하심을 믿고 의지할 수 있는 근거가 됩니다.

- 순종의 요구: 특별한 소유가 된다는 것은 하나님께 대한 전적인 순종과 충성을 요구합니다. 하나님은 자신의 소유된 백성이 그분의 계명에 순종하며 거룩한 삶을 살기를 기대하십니다. 이 순종은 율법적 강제가 아니라, 우리를 사랑하시고 우리에게 가장 좋은 것을 주시려는 하나님의 선한 뜻에 대한 자발적인 응답입니다.

- 정체성의 재정립: 이 구절은 우리의 영적 정체성을 다시금 확립하게 합니다. 우리는 더 이상 세상에 속한 자가 아니라, 하나님께 속한 자이며, 그분의 사랑받는 자녀입니다. 이 정체성은 우리가 어떤 어려움에 처하든지, 어떤 유혹을 받든지 흔들리지 않는 굳건한 삶의 기초가 됩니다.

"나의 특별한 소유로 삼을 것이요."라는 말씀은
하나님께서 우리를 개인적으로 선택하시고,
우리를 구별하여 거룩한 삶으로 부르시며,
궁극적으로 우리를 통해 그분의 영광을 드러내고
복음을 전하는 귀한 사명을 주셨음을 의미하는
신령하고 놀라운 선언입니다.
이 약속을 받은 우리는 감사함으로
그분의 뜻에 순종하며
살아가야 할 책임이 있습니다.
오늘, 이 하루도 거룩하고 흠이 없고,
책망할 것이 없는 신실한
주님의 신부가 되시기를 축복합니다.

백기호목사가 전하는

죄와 더러움을 씻는 샘

신약 메시지

축복의 비밀

마 6:19-21,
너희를 위하여 보물을 땅에 쌓아 두지 말라 거기는 좀과 동록이 해하며 도둑이 구멍을 뚫고 도둑질하느니라 오직 너희를 위하여 보물을 하늘에 쌓아 두라 거기는 좀이나 동록이 해하지 못하며 도둑이 구멍을 뚫지도 못하고 도둑질도 못하느니라 네 보물 있는 그 곳에는 네 마음도 있느니라.

'십일조의 축복의 비밀'은
기독교 신앙에서 매우 중요한 개념입니다.
십일조는 단순히 수입의 10분의 1을 드리는 행위를 넘어,
하나님과의 관계, 믿음, 그리고 하나님의 약속을
경험하는 통로로 이해됩니다.
율법. 계명이 있기 전에.
아브라함이 전리품 중에 십분의 일을 구별하여
멜기세덱에게 주었습니다.

1. 십일조는 하나님의 주권을 인정하는 행위

십일조의 가장 근본적인 비밀은 우리의 모든 소유가 하나님께로부터 왔음을 고백하고 인정하는 행위라는 것입니다. 십일조는 내 수입의 일부를 떼어 드리는 것이 아니라, 내 모든 것이 하나님의 것임을 인정

하고 그 중 10분의 1을 돌려드리는 것입니다. 이는 물질에 대한 탐욕을 내려놓고, 하나님을 삶의 주인으로 모시는 신앙의 표현입니다.

2. 말3:10의 약속: '시험하여 보라'

십일조의 축복에 대한 가장 강력한 성경적 근거는 말라기 3:10에 있습니다. 이 구절에서 하나님은 이렇게 말씀하십니다.
"만군의 여호와가 이르노라 너희의 온전한 십일조를 창고에 들여 나의 집에 양식이 있게 하고 그것으로 나를 시험하여 내가 하늘 문을 열고 너희에게 복을 쌓을 곳이 없도록 붓지 아니하나 보라."

하나님께서 '나를 시험하여 보라.'고 직접 말씀하시는 유일한 구절 중 하나입니다. 이는 십일조로 하나님과의 관계를 깊이 경험하고, 그분의 약속을 직접 체험할 수 있다는 의미로 해석됩니다.
여기서 약속된 축복은 다음과 같습니다.

하늘 문을 여시는 축복 = 영적, 물질적으로 막혔던 문이 열리고 하나님의 은혜와 풍성함이 부어진다는 의미입니다.

쌓을 곳이 없도록 붓는 복 = 재정적인 풍요뿐만 아니라 삶의 전반적인 영역에서 넘치도록 채워주시는 축복을 의미합니다.

황충을 금하시는 복 = 재물이나 노력의 결실을 해치는 외부의 위협(재난, 질병, 손실 등)으로부터 보호해 주신다는 약속입니다. 기한 전에 열매가 떨어지지 않게 하시는 복=노력한 것에 대한 결실을 온전히 거두게 하시고, 예상치 못한 손실을 막아주신다는 의미입니다.

3. 믿음의 순종과 관계 중심의 축복

십일조의 축복은 단순히 돈을 드리는 행위 자체에 있지 않습니다. 그 뒤에 숨겨진 비밀은 하나님에 대한 온전한 믿음과 순종에 있습니다.

- 하나님을 신뢰하는 믿음: 십일조는 현재의 부족함 속에서도 미래를 책임져 주실 하나님을 신뢰하는 믿음의 표현입니다. 10분의 1을 드리고도 나의 삶이 부족해지지 않을 것이라는 확신이 필요합니다.

- 감사와 기쁨의 마음: 억지로 드리는 십일조가 아니라, 하나님께서 주신 것에 대한 감사와 기쁨의 마음으로 드리는 것이 중요합니다. 하나님은 즐겨내는 자를 사랑하신다고 성경은 말씀합니다(고후 9:7).

- 하나님과의 동역: 십일조는 교회를 통해 하나님의 사역(선교, 구제, 목회자 생활비 등)을 지원하는 행위입니다. 이는 하나님의 나라 확장에 동참하는 동역자로서의 사명을 감당하는 것이며, 이를 통해 하나님과의 관계가 더욱 깊어집니다.

4. 영적인 축복과 삶의 우선순위

십일조의 축복은 단순히 물질적인 풍요에만 국한되지 않습니다. 많은 신앙인들은 십일조로 말미암아 다음과 같은 영적, 내면적 축복을 경험한다고 고백합니다.

평안과 만족 = 물질의 노예가 되지 않고, 하나님이 채워 주신다는 평안과 만족을 경험합니다.

지혜와 분별력 = 재정을 다루는 데 있어서 하나님의 지혜를 구하게 되고, 올바른 우선순위를 정하는 데 도움을 받습니다.

감사하는 마음 = 모든 것이 하나님의 은혜임을 깨닫고 삶 속에서 감사가 넘치게 됩니다.

십일조의 축복의 비밀은 물질적인 순종을 통해
하나님과의 관계를 깊게 하고,
그분의 신실하심과 풍성하신 은혜를 직접 경험하는 것
이는 단순히 계산적인 거래가 아니라,
하나님과의 아름다운 관계 속에서
주어지는 선물과도 같습니다.
그래서 보물을 하늘에 쌓으라 하십니다.
우리는 재물과 하나님 두 주인을 섬길 수 없습니다.
이 말씀을 다시 한 번 읽어 보십시다.
마 6:24, "한 사람이 두 주인을 섬기지 못할 것이니 혹 이를 미워하고 저를 사랑하거나 혹 이를 중히 여기고 저를 경히 여김이라 너희가 하나님과 재물을 겸하여 섬기지 못하느니라."

우리의 주인은 물질이 아니라 하나님이십니다.
하나님의 소유권을 인정하고
하나님을 주인으로 섬기는 삶이

바로 올바른 십일조의 정신입니다.
온전한 십일조를 드릴 수 있는 사람은
하나님으로 인정하는 사람일 것입니다.
십일조는 단순히 복을 받기 위한 수단이 아닙니다.
그토록 받고 싶은 복이 누구에게서,
그리고 어디에서 주어지는가를 알고
그것을 인정하는 고백입니다.
'예수 그리스도의 십자가의 희생으로
내가 죄 용서를 받았고 새 생명을 얻었기 때문에
하나님 앞에 나오지 않을 수가 없습니다.'라는 진실한 고백이
바로 온전한 십일조 정신입니다.

율법의 마침과 복음의 새 시대

마 11:13,
모든 선지자와 및 율법의 예언한 것이 요한까지니.

예수님께서 세례 요한에 대해 말씀하신 내용으로,
그 의미는 다양한 관점에서 해석될 수 있습니다.

율법과 선지자 시대의 마감과 새로운 복음의 시대를 알리는
세례 요한의 역할이 강조됩니다.
성경적 관점에서 이 구절은 구약 시대의 마감과
신약 시대의 시작을 선언하는 것으로 봅니다.
세례 요한은 이러한 구약 예언의 마지막을 장식하는 인물로,
그가 직접 예수님을 증언함으로써
율법과 선지자의 예언이 성취되었음을 보여줍니다.
율법과 선지자 = 구약 전체를 아우르는 용어로, 하나님의 뜻과 구원 계획을 보여줍니다.

세례 요한까지 = 세례 요한이 예수님의 오심을 알리는 마지막 예언자였음을 의미합니다. 그의 사역 이후에는 예수 그리스도를 통한 새로운 구원의 길이 열리게 됩니다.

복음적 관점에서 이 구절은 율법의 완성자이신 예수 그리스도를 강조

합니다. 구약의 율법과 선지자는 죄인들을 구원할 수 없었고, 단지 죄를 깨닫게 하고 장차 오실 구원자를 기다리게 하는 역할을 했습니다. 예수님은 율법을 폐하러 오신 것이 아니라 완성하러 오셨습니다(마 5:17).

율법의 한계 = 율법은 인간의 행위로 구원을 얻을 수 없음을 보여주는 '몽학 선생'(갈 3:24)과 같았습니다.

복음의 능력 = 복음은 예수 그리스도를 믿음으로써 은혜로 구원을 얻는 길을 제시합니다. 세례 요한까지의 시대는 율법을 통해 구원을 갈망하던 시대였다면, 그 이후의 시대는 예수 그리스도를 통해 구원을 얻는 복음의 시대입니다.

창조적 해석은 이 구절을 단순히 역사적 시간의 흐름뿐만 아니라, 인간의 영적 여정에 대한 통찰로 확장할 수 있습니다. 율법은 우리가 의지적으로 노력하고 행위를 통해 의롭다 함을 얻으려는 자력 구원의 시대를 상징합니다.
이 시대는 세례 요한처럼 '회개하라'는 외침으로 끝나고, 온전한 순종과 은혜의 시대가 열립니다.
율법 = 인간의 힘으로 이루려는 노력과 고뇌를 의미합니다.
복음 = 온전한 구원은 오직 하나님의 은혜를 통해서만 가능하다는 것을 깨닫는 경험을 의미합니다.

이러한 관점에서 우리가 과거의 율법적인 삶(규칙과 행위)에서 벗어나, 복음이 가져다주는 새로운 삶으로 나아가야 함을 말해줍니다.

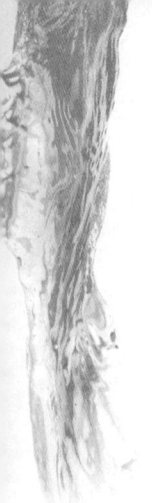

제일순위

마 22:37,
예수께서 이르시되 네 마음을 다하고 목숨을 다하고 뜻을 다하여 주 너의 하나님을 사랑하라 하셨으니.

기독교인에게도 핵심적으로 추구해야 할 가치가 있습니다.
예수님은 기독교의 핵심 가치를
묻는 율법사에게 첫째는 하나님 사랑이요,
둘째는 이웃 사랑이라고 가르쳐 주셨습니다.
이 말씀은 우리에게 두 가지를 생각하게 합니다.

첫째, 사랑의 순서를 지키라는 것입니다.
하나님을 먼저 사랑하고, 하나님을 먼저 사랑한다면
하루의 첫 시간에 하나님의 얼굴을 사모하며
그 앞에 나아가 하나님의 말씀을 듣는 것입니다.
그리고 이웃을 사랑해야 합니다.
이 순서가 바뀌어서는 안 됩니다.
창세기 3장의 선악과를 따먹은 인간의 죄는,
하나님의 말씀에 불순종하여
하나님을 먼저 사랑하고 존중하라는 순서를 바꾼데 있습니다.
그래서 에덴동산은 더 이상 낙원이 되지 못했습니다.

낙원은 그 마음이 최우선으로 무엇을 추구하느냐에
따라 결정됩니다.
우리는 모든 일에 먼저 해야 할 일이 있는데
기독교인에게 가장 중요한 본질을 비본질로 대체해 버리고
사소한 것에 하찮은 것에. 단순한 것에 목숨을 건다면
그것은 우리를 어려움에 빠뜨립니다.
반드시 하나님이 우리의 첫 번째 사랑의 대상자가 되어야 합니다.
그대는 하나님을 어떻게 무엇으로 사랑하십니까?

둘째, 마음과 뜻과 정성을 다해 하나님을
사랑하는 것입니다.(마22:37)
사랑하는 사람과는 자주 만나고 자주 대화해야 합니다.
기독교인들에게 이 대화는 기도입니다.
또한 하나님께 어떤 것을 드려도
아까운 마음이 들지 않으면 진정 하나님을 사랑하는 것입니다.
우리 인간에게 가장 귀중한 것은 시간입니다.
그래서 세월을 아끼라 때가 악하니라.
골 4:5, "외인을 향하여서는 지혜로 행하여 세월을 아끼라."

우리가 하나님을 진정으로 사랑할 때
물질이나 생명까지 아깝지 않습니다.
나의 수고와 봉사를 기쁨으로 하게 됩니다.
그대는 매일 첫 시간을 하나님께 드리며 얼마나
그 나라와 그 의를 위해서 시간을 드립니까?

오늘 하루가 가장 복되고 기쁜 날
우리 모두 하나님을 진정으로 사랑하여
인생의 모든 관계와 문제가 해결되는
놀라운 복을 누릴 수 있기를 간절히 소망합니다.

기독교인의 최우선 순위는 하나님을 사랑하고
그분의 뜻을 따르는 것입니다.
성경의 가장 중요한 계명 중 하나이며,
기독교 신앙의 핵심입니다.

구체적으로, 기독교인의 삶에서 가장 중요한 것은 다음과 같습니다.

하나님 사랑 = 마음과 뜻과 힘을 다하여 하나님을 사랑하는 것입니다. 이는 예배, 기도, 묵상, 그리고 하나님의 말씀을 통해 표현됩니다.

이웃 사랑 = 자신을 사랑하듯 이웃을 사랑하는 것입니다. 이는 친절, 봉사, 나눔, 그리고 정의로운 행동을 통해 나타납니다.

하나님의 뜻 행하기 = 성경을 통해 계시 된 하나님의 뜻을 배우고 실천하는 것입니다. 이는 개인의 삶뿐만 아니라 가정, 교회, 사회 속에서 하나님의 공의와 사랑을 드러내는 것을 포함합니다.

이 세 가지는 서로 분리될 수 없으며, 기독교인의 삶 전체를 아우르는 핵심 가치입니다. 하나님을 사랑하는 마음은 자연스럽게 이웃 사랑으로 이어지고, 하나님의 뜻을 따르는 삶은 이 두 가지 사랑을 구체적으로 실천하는 방식이 됩니다.
기독교인의 제일 순위는 하나님과의 관계를 최우선으로 두고,
그 사랑을 바탕으로 이웃을 섬기며,
하나님의 뜻 안에서 살아가는 것입니다.
시 139:9, "내가 새벽 날개를 치며 바다 끝에 가서 거할지라도 곧 거기서도 주의 손이 나를 인도하시며 주의 오른손이 나를 붙드시리이다."

하나님! 바쁜 일상을 살아가지만 시간을 정해
하나님을 묵상하고 하나님께 최고의 가치와
영광을 돌리게 하옵소서.
성도에게 최고의 가치는 예배와 기도입니다.
하나님을 진정으로 사랑하여 주님께서 기뻐하시는 일들만 행하게 도와주옵소서.
오늘 이 하루도 주님을 향한 사랑의 고백이 되게 하옵소서.
예수 그리스도의 이름으로 기도 합니다. 아멘.

나그네의 삶

마 25:43,
나그네 되었을 때에 영접하지 아니하였고 벗었을 때에 옷 입히지 아니하였고
병들었을 때와 옥에 갇혔을 때에 돌아보지 아니하였느니라 하시니.

오늘도 나그네 순례의 길을 한걸음, 또 한걸음
시간과 세월에 쫓기면서 삶에 무거운 짐을 지고
각종 재난의 공포 속에서 하루하루를 허둥대면서
힘겹게 걸어왔어라.
언제 이 세상을 떠날지는 우리 서로 아무도 몰라도
순례의 길을 가다 보면 이 사람, 저 사람 서로 만나
웃기도 하고 울기도 하고 애절한 사연 서로 나누다
어느덧 갈림길 접어들면, 어차피 헤어질 사람들 …

그러나 우리 성도들은 우리의 영원한 본향,
우리 아버지의 영광스러운 집에서 구원의 감격 속에서
기쁨으로 찬송하며 함께 만나게 되리라
우리가 주님 보좌 앞에서 만날 때
서로가 서로에게 자랑이 되고
기쁨이 되고 면류관이 될 형제자매들인데.

영광스러운 천국에서 우리 서로 만날 때
부끄럽지 않도록 살자. 그때를 생각하면서
더 많이 사랑해 줄 걸 더 많이 위로해 줄 걸
힘닿는 대로 도와줄 걸 많이 후회하지 않도록 살자.
주 예수 그리스도의 거룩한 피로 속죄함 받아
한 피 받아 한 몸 된 형제자매라 부르면서.
왜 그리 못난 자존심으로 형제의 소소한 잘못도
용서하지 못하고 이해하지 못하고
시험에 넘어진 자 생명의 말씀으로 일으켜 주지 못하고
사랑으로 품어주지 못하고 고통 속에 눈물짓는 자
따뜻한 사랑으로 위로하며 감싸 안아주지 못하고
오히려 비판하고 미워했는지…

사랑하며 살아도 너무 짧은 시간
베풀어 주고 또 주어도 남는 것들 뿐인데 …
웬 욕심으로 무거운 짐만 지고 가는 고달픈 나그네 삶인가?
그날이 오면 그토록 무거운 삶의 짐도,
화려한 명예 권세의 옷도,
갖고 더 쌓고 싶은 재물도, 즐거워하던 세상 열락도 자랑스러운 고운 모습도 …
그날이 오면 다 벗어버리고 갈 텐데 …

더 그리워하며 더 만나고 싶고, 더 주고 싶고,
더 보고 또 보고, 따뜻이 위로하며
사랑하며 살아야 하는데…
왜 그리 마음의 문만 닫아걸고 더 사랑하지 않았는지,
아니 더 베풀지 못했는지…
천년을 살면 그러할까?
만년을 살면 그러리오? 사랑한 만큼 사랑받고
도와준 만큼 도움받는데, 심지도 않고 거두려고만
몸부림쳤던 부끄러운 나날들…

우리가 서로 아끼고 사랑해도 못다 할
짧은 순간의 세월인 것을…
이제 살아 있다는 것만으로 감사하고,
이제 함께 있다는 것만으로 사랑해야지요
우리는 다 영광스러운 천성을 향해
길 떠난 순례자들이랍니다.
그 언젠가는 우리의 본향 아버지의 영광스러운 집에
우리 서로 기쁨과 감격 속에 얼싸안고 춤추게 되리라. 아멘.

요 13:34, "새 계명을 너희에게 주노니 서로 사랑하라 내가 너희를 사랑한 것 같이 너희도 서로 사랑하라."
고전 13:13, "그런즉 믿음 소망 사랑 이 세 가지는 항상 있을 것인데 그중에 제일은 사랑이라."
벧전 4:8, "무엇보다도 뜨겁게 서로 사랑할지니 사랑은 허다한 죄를 덮느니라."

깨어 기도하라

마. 26:41,
시험에 들지 않게 깨어 있어 기도하라 마음에는 원이로되 육신이 약하도다 하시고.

기도의 능력을 때마다 일마다 체험하라!
기도는 성도에게 호흡과 같도다
기도는 하나님과 내가 대화하는 것이요
기도는 우리의 간절한 소원을 전능하신 하나님께
아뢰어 응답을 받는 축복의 통로이다.
기도는 나와 세상과 어두움의 영을 이길
주께서 나에게 주신 강력한 능력이요 힘이라.

'쉬지 말고 기도하라."고 하셨다.
인간이 전능하신 하나님과의 만남을 갖고,
깊은 관계 속에서 신뢰하므로 직접 대화함이 곧 기도이다.
기도의 놀라운 능력을 친히 체험하면서부터
인생은 생각과 삶이 놀랍게 변화되기 시작한다.
성경에 기록된 많은 기적적인 사건의 길목에는
언제나 간절한 눈물의 기도가 있었다.

인생의 주도권은 인생에게 있지 아니하고
인생의 생사화복을 주관하신 전지전능하신 하나님께 있다.
하나님은 인간을 죽이기도 하시고
살리기도 하시고 낮추시기도 하시고
높이시기도 하시고 가난하게도 하시고
부하게도 하시며 범죄한 몸을 질병으로 치기도 하시며
극한 질병도 고쳐 주시며
죄와 허물을 용서하사 주의 보혈로 성결케 하시고
온갖 문제도 해결해 주시며 인생의 생사화복과
각 나라와 정세를 주관하신 창조주 하나님이시로다.

그러므로 택한 백성인 우리의 삶 속에 모든 것을
자기 뜻대로 이루어 가시며 모든 일을 합력하여
선을 이루시는 하나님을 온전히 신뢰하는 마음으로
전심을 다해 기도해야 한다.
하나님은 능치 못한 일이 전혀 없으신 창조주이시다.
사람으로는 할 수 없으나 하나님은 다 하실 수 있느니라.
하나님은 정결한 마음으로
정성을 다하여 드리는 우리의 간절한 기도를
언제나 귀 기울여 듣고 계신다. 그리고
사랑하는 자의 기도를 결코 물리치지 않으신
우리의 사랑의 아버지시요 신실하신 하나님이시다.

기도는 어려운 일이 있을 때 내 생각과 방법으로
모든 것을 다 해본 이후에 할 수 없어
마지못해 하는 최후 마지막 수단이 아니라
모든 것을 시행하기 전에 하나님의 전능을 인정하며
나의 진실한 신뢰의 기도를 반드시 응답해 주실 줄 믿고
확신 속에서 감사함으로 기쁨 중에 해야 하는
최초 수단이 되어야 한다.

꼭 위험에 처하여 급박할 때만 기도하지 말고
하루 삼시 세끼 식사할 때만 기도하지 말고
아침에 일어나서 하루의 모든 일을 주께 맡겨 기도하고
하루의 삶을 계획할 때에도
일을 시작할 때에도
누구를 만날 때도
어떤 어려움이 닥쳐왔을 때도
급한 일이 생겼을 경우에서도
길을 걸어가면서도
무시로 성령님과 함께 기도하는 삶을 살자.
잠자기 전에 하루의 삶을 점검하여
지은 죄를 회개하고
사죄받은 기쁨 속에 평안함의 잠을 자.
깊은 밤 꿈속에서도 기도하는 자가 되자.

기도하는 사람! 그는 하나님의 사람이요
하나님을 기쁘시게 하는 최측근의 사람이다.
하나님과 소통하여 놀라운 기적의 역사를
날마다 이루는 사람이다 하나님은 지금도
기도하는 사람을 통하여 하나님의 뜻을 이루어 가신다.
우리 주 예수님의 신실한 약속을 믿으라.

요 14:14, "내 이름으로 무엇이든지 내게 구하면 내가 행하리라."
이보다 더 확실한 약속이 또 어디 있겠는가?
사 14:24, "만군의 여호와께서 맹세하여 이르시되 내가 생각한 것이 반드시 되며 내가 경영한 것을 반드시 이루리라. 아멘."
빌 4:6~7, "아무것도 염려하지 말고 다만 모든 일에 기도와 간구로 너희 구할 것을 감사함으로 하나님께 아뢰라 그리하면 모든 지각에 뛰어난 하나님의 평강이 그리스도 예수 안에서 너희 마음과 생각을 지키시리라."

기도하는 사람은 하나님께서 응답해 주실 줄 믿어,
기도하고 결코 의심하지 말아야 한다.
두 마음을 품은 자는 아무 응답도 받을 수 없음이라
그리고 꼭 기억할 것은 자기 사욕과 정욕을 위하여
결코 기도하지 말아야 한다.
응답 대신 징계의 채찍이 그에게 임하게 됨이라.
오직 하나님의 영광을 위하여 기도하라.
고전 10:31, "그런즉 너희가 먹든지 마시든지 무엇을 하든지 다 하나님의 영광을 위하여 하라."
빌 4:13, "내게 능력 주시는 자 안에서 내가 모든 것을 할 수 있느니라."

하나님께 기도한 그대는 자신이 능력을 받은 사람임을 믿어라.
그리고 소리쳐라.
- 하나님은 나와 함께 하시도다 나는 하나님의 능력을 받은 자요 하
　나님의 뜻을 이루어드리는 자라, 하라.
"기도 이외에는 다른 유가 없느니라." 아멘.
지난날에 내게 응답해 주신 것들을 하나하나 기억해 보라.
그리고 오늘부터 내게 이루어 주실
주님의 응답을 하나하나 기록해 보라.

모든 것이 하나님의 은혜 놀라운 은혜임을 알게 되리라 무엇보다도
더욱 성령 충만을 위하여 기도하고 성령으로 지혜와 계시의 정신을
부음 받기를 위하여 기도함으로 영안이 열려 주님의 영광을 바라보고
천국을 영의 눈으로 볼 수 있는 크고 놀라운 은총을 받을지라.

기도는 환난 날에 하나님을 만날 수 있는
유일한 비밀 통로이다.
기도는 하나님의 귀에 들려지는
단 하나의 인간의 음성이요,
하나님의 마음을 감동하게 하여
응답을 받게 하는 간절한 호소의 음성이다.
- 나의 기도에 성령의 불길이 타오르게 하소서.

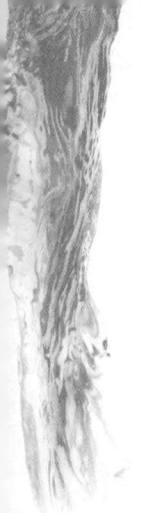

열리라

막 7:34-35,
하늘을 우러러 탄식하시며 그에게 이르시되 에바다 하시니 이는 열리라는 뜻이라 그의 귀가 열리고 혀의 맺힌 것이 곧 풀려 말이 분명하더라.

예수께서 세상에 계실 때 하늘을 우러러 탄식하시며(막7:34. 8:12)
귀먹고 벙어리된 자와 표적을 구하는 유대인들을 향해 가장 큰 표적
이 그들의 눈앞에 서 있는데도 보지 못하는 영적 맹인들에게 그에게
이르시되 에바다 하시니 이는 열리라는 뜻이라(막7:34)

인간은 죄 때문에 에덴의 축복을 빼앗겼습니다.
죄로 말미암아 하나님과의 단절,
그것은 모든 것을 잃어버리는 사건이었습니다.

오늘은 영적인 신령한 지혜와 계시로
눈이 열리고, 귀가 열리고, 입이 열리는 에바다의 사건,
표적을 행하게 되시기를 기도합니다.
말씀에는 그 누구보다도 큰 고통 속에서 사는
한 사람이 등장합니다.
귀 먹고 말 더듬는 이중 장애가 있는 사람입니다.

예수님의 공생애 시간에, 당시에는 이런 장애를
저주받은 인생의 표상으로 생각했습니다.

그러니 그는 가난한 삶은 물론이고,
인간관계의 단절, 신앙 공동체로부터의
소외를 경험했을 것입니다.
철저한 고립, 고통, 고독, 인생의 삼고를 당하는
가장 불행한 인생이요
이보다 더 한 고생은 없을 것입니다.
흑암, 공허, 혼돈입니다.
사방으로 육여쌈을 당한 인생입니다.

그런데 예수님께서 오늘, 그 사람을 만나 주셨습니다.
우리 예수님은 우리의 인생의 모든 문제의 해결자입니다.
오늘도 우리는 주님을 만나야 합니다.
나를 향하여 하늘을 우러러 탄식하셨습니다.
주님이 이렇게 탄식하신 이유는
그 인생의 고통을 공감하셨기 때문입니다.
또한 그 영혼을 깊이 사랑하셨기 때문입니다.
이처럼 예수님은 인생들의 고통을 외면한 채
하늘의 영광스런 보좌에만
앉아 계시는 분이 아니십니다.

오히려 마치 자신이 죄 지은 것처럼 고통스러워하셨고,
마치 자신이 죄인인 것처럼 십자가에 달려 죽으셨습니다.
아담의 죄로 인해
에덴의 축복을 빼앗긴 채 날마다 고통 속에서
살아가는 인생들에게 이제, 예수님이 '열려라! 에바다!'
'새로운 에덴'의 문을 활짝 열어 주셨습니다.
그곳은 하나님이 함께 계셔서 모든 눈물을
그 눈에서 닦아 주시니, 다시는 사망이 없고
애통하는 것이나, 곡하는 것이나
아픈 것이 다시 있지 않는 곳입니다.(계21:4)

오늘, 우리 주변을 돌아봅시다.
아직도 철저한 고독과 고통과 고립과
흑암 가운데서 신음하며
살아가는 사람들이 얼마나 많습니까?
그들에게도 내가 만난 예수님, 그 눈에서
눈물을 닦아 주실 예수님이 계심을 전하는
복된 날이 되기를 소망합니다.
진리 되신 예수님을 만나면 자유를 얻게 됩니다.

사랑의 하나님! 흑암 가운데 살던 우리에게
예수 그리스도를 통한 구원의 감격과
기쁨을 허락해 주심을 감사합니다.

아직도 이 구원의 기쁨을 소유하지 못한 영혼들에게
새 에덴의 문이 열어 지고.
새 사람의 피조물이 되어지고
새로운 인생의 출발이 되도록
에바다 열리라는 말씀을 듣는
이 하루가 되기를 예수 그리스도를 전하는 삶을 살게 하옵소서.
예수님이 말씀 하시면 물이 새 포주가 됩니다.

이 시간에도 말씀으로, 위경에 처할 영혼들에게
믿음의 주요 온전케 하시는 예수를 바라보는
승리의 날 되게 하소서. 아멘

하나님의 나라

눅 17:20~21,
바리새인들이 하나님의 나라가 어느 때에 임하나이까 묻거늘 예수께서 대답하여 이르시되 하나님의 나라는 볼 수 있게 임하는 것이 아니요 또 여기 있다 저기 있다고도 못하리니 하나님의 나라는 너희 안에 있느니라.

- 너희는 먼저 그의 나라와 의를 구하라.

예수님을 마음에 모심으로 마음에 천국을
이루는 자만이 영광의 천국에 들어가게 됨이라
우리 아버지 집, 우리의 영원한 본향, 저 영광스러운 천국은
더위도, 추위도, 배고픔도, 헐벗음도, 근심도, 걱정도,
불안도, 두려움도, 미움도, 원망도, 시기와 질투와 싸움도,
불의와 불법과 거짓과 정욕과 탐심도, 슬픔도, 아픔도,
고통도, 질병도, 전염병도, 죽음도 없는 곳

이 세상에 있는 것은 그 어느 것 하나도 없는,
오직 거룩하고, 영광스럽고, 찬란하며
아름다운 영생하는 빛의 나라라.

영광스러운 천국(계 21:10~22:5)

천국의 성곽의 기초석은 각색 빛난 12 보석으로
아름답게 꾸며져 있는데
1. 벽옥
2. 남보석
3. 옥수
4. 녹보석
5. 홍마노
6. 홍보석
7. 황옥
8. 녹옥
9. 담황옥
10. 비취옥
11. 청옥
12. 자수정이라

성벽은 벽옥으로 되어 있고

성의 문은 동서남북으로 세 문씩
열두 진주문이 있는데 한 문마다 한 진주로
아름답게 세워진 곳

모든 길은 유리바다와 같은
맑고 깨끗한 정금 길이라

마시면 영생할 수 있는 맑고 깨끗한
영생수 강이 영원히 흐르는 곳

먹으면 영생할 수 있는 영과실이 강 좌우로
12달 새롭게 맺히는 곳

하나님 아버지와

예수 그리스도께서 빛이 되시어 밝게 비취임으로 해와 달과 별이
필요 없는 찬란한 빛의 나라라

네 생물과 24 장로들, 그리스도의 피로
구원받은 흰옷을 입은 하나님의 자녀들과

천군 천사들이 반열을 따라 서서
세세토록 살아계신 전지전능하신 하나님과
어린양 예수 그리스도께 경배와 영광과 존귀를
감사하며 찬양을 드리는 거룩한 영계의 영원한
영생의 아름다운 삶이라.

아버지 집에는 영원무궁토록 영광만 가득한 곳
사랑만 충만한 곳 은혜만 충만한 곳
찬송만 넘치는 곳 기쁨만 넘치는 곳
성령만 충만한 곳 평안과 안식만 있는 곳이라.
주님의 크고 놀라운 사랑과 은혜를 받은 자여!
영광스러운 모습으로 선악을 구별하여
심판할 권세를 가지시고 이 땅에 다시 오실
예수 그리스도의 날이 우리들의 눈앞에
가까이 다가오고 있도다

하늘과 땅에서 각가지 징조들이 나타나고 있음이라 각 나라에서
지진과 기근과 화산폭발과 우박과 폭우로 홍수와 태풍과 토네이도와
산불과 메뚜기재앙과 개구리재앙과 코로나바이러스(전염병)와 원숭이
바이러스와 각종 변이 바이러스가 계속 창궐되어 감으로 수많은
사람들이 죽어가고 기후 온난화로 빙산이 녹음으로
낮은 섬들이 물에 잠겨 없어지고

폭염과 폭설과 폐기물 오염과 방사능 유출로
바다의 물고기들이 죽어가고 있는 현실이라.
이런 일들을 보면서 너희는 깨어 있어
머리를 들고 영광의 주님을 바라볼지라.
그날을 늘 기다리며 그날을 늘 사모하며
그날을 맞이하기 위해 의의 세마포 옷을 입고

성결과 정절로 단장하며 기름과 등불을 준비할지라.

슬픔도 억울함도 고통도 괴로움도 환난과 핍박과
고난과 역경도 가난도 이 지긋지긋한 전염병도
조금만 더 참고 인내하며 더욱 충성된 삶으로
주님의 기쁘신 뜻 깊이 알아 이루며
자신과 이 악한 세상을 오직 믿음과 말씀으로 이기며
사탄 마귀의 유혹을 물리치며
구원의 생명의 열매 맺으며 감사하며 찬양하며
기도하며 영광 돌리며 값진 아름다운 삶을
우리 주님께 드릴지라.

현재의 고난과 장래의 영광은 족히 비교할 수 없도다
롬 8:18, "생각하건대 현재의 고난은 장차 우리에게 나타날 영광과 비교할 수 없도다."

주를 향하여 이 소망을 가진 자의 삶
요일 3:3, "주를 향하여 이 소망을 가진 자마다 그의 깨끗하심과 같이 자기를 깨끗하게 하느니라."

그 영광의 날! 하나님의 보좌 앞에서 우리 감격 속에
함께 만나 기쁨으로 춤을 추고 찬양하며
우리를 죄에서 구원하신 주 예수 그리스도와 함께
영원히 영영히 영광을 누리자. 아멘.

항상 기도하며 깨어 있으라

눅 21:36,
이러므로 너희는 장차 올 이 모든 일을 능히 피하고 인자 앞에 서도록 항상 기도하며 깨어 있으라 하시니라.

기도는 영적생명의 호흡이니, 호흡이 곤란하거나 작동이 안 되면 영적 사망에 이르게 됩니다.

새벽에 기도하는 자 = 하루를 주께 맡기고 성령의 인도함을 구합니다.
새벽에 기도하는 자 = 전능하셔서 모든 것을 자기 뜻대로 온전히 이루시는 하나님의 음성을 듣고, 하나님의 계획을 듣습니다.

새벽에 기도하는 자 = 모든 것을 합력하여 선을 이루신 하나님께로부터 하루를 인도받습니다.
롬 8:28, "우리가 알거니와 하나님을 사랑하는 자 곧 그의 뜻대로 부르심을 입은 자들에게는 모든 것이 합력하여 선을 이루느니라."

새벽에 기도하는 자 = 하루의 삶을 주께 맡기고 영혼을 주께 맡겨 드립니다.
시 143:8, "새벽에 나로 주의 인자한 말씀을 듣게 하소서 내가 주를 의뢰함이니이다 나의 다닐 길을 알게 하소서 내가 내 영혼을 주께 받듦이니이다."

새벽에 기도 하는 자 = 하나님께서 가까이 하십니다.
시 145:18, "여호와께서는 자기에게 간구하는 모든 자에게 곧 진실하게 간구하는 모든 자에게 가까이 하시는도다."

새벽에 말씀을 묵상하는 자 = 큰 평안을 주시고 장애물이 없게 하십니다.
시 119:165, "주의 법을 사랑하는 자에게는 큰 평안이 있으니 저희에게 장애물이 없으리로다."
시 119:147~148, "내가 새벽 전에 부르짖으며 주의 말씀을 바랐사오며 주의 말씀을 묵상하려고 내 눈이 야경이 깊기 전에 깨였나이다."

정오에 기도하는 자 = 단 6:10, "다니엘이 이 조서에 어인이 찍힌 것을 알고도 자기 집에 돌아가서는 그 방의 예루살렘으로 향하여 열린 창에서 전에 행하던대로 하루 세번씩 무릎을 꿇고 기도하며 그 하나님께 감사하였더라."

하루의 삶을 주께 맡기고 주를 의지하며 공의를 행하는 자에게 마음의 소원을 이루어 주시고 그의 의를 정오의 빛 같이 하시리라.
시 37:4~6, "또 여호와를 기뻐하라 그가 네 마음의 소원을 네게 이루어 주시리로다 네 길을 여호와께 맡기라 그를 의지하면 그가 이루시고 네 의를 빛 같이 나타내시며 네 공의를 정오의 빛 같이 하시리로다."

한 밤 중에 기도하고 찬미하는 자 = 땅이 진동하고 옥문이 열리고 묶인 것들이 다 풀어지는 기적이 일어남이라. 죄수들이 바울과 실라의 기도와 찬미소리를 듣더라. 간수와 그 가족이 예수를 영접하고 구원을 받음이라. 이로써 빌립보 교회가 세워졌도다.
밤이 맞도록 소원을 두고 눈물로 간절히 기도하고 찬양하는 자 = 우리의 당한 고난을 보시고 건지시며 모든 얽매인 것을 풀어주시고 꼭 닫힌 사건들이 열리는 기적을 주신 주님이시라.
시 119:153~154, "나의 고난을 보시고 나를 건지소서 내가 주의 법을 잊지 아니함이니이다 주는 나의 원한을 펴시고 나를 구속하사 주의 말씀대로 나를 소성하게 하소서."

잠자리에 들기 전에 오늘 하루의 허물과 죄를 낱낱이 자백하는 자 = 사죄의 은총을 주시는 주님이십니다.
요일 1:9, "만일 우리가 우리 죄를 자백하면 그는 미쁘시고 의로우사 우리 죄를 사하시며 우리를 모든 불의에서 깨끗하게 하실 것이요."

하루를 마감하고 주의 평안을 기도하고 주의 영광을 사모하며 잠자리에 드는 자 = 시 4:8, " 내가 평안히 눕고 자기도 하리니 나를 안전히 살게 하시는 이는 오직 여호와 이시니이다."

기도하는 자 = 기적이 일어납니다.
막 9:29, "이르시되 기도 외에 다른 것으로는 이런 종류가 나갈 수 없느니라 하시니라."
시138:3, "내가 간구하는 날에 주께서 응답하시고 내 영혼에 힘을 주어 나를 강하게 하셨나이다."

힘겨운 삶 속에서 실망하고 낙심한 자에게 새 힘을 주시고, 회복시키시어 영광 가운데로 인도하신 주님을 찬양합니다.
기도와 찬양과 감사는 승리의 원동력입니다.

생명의 빛으로 오신 예수

요 1:4,
그 안에 생명이 있었으니 이 생명은 사람들의 빛이라.

어두운 죄악의 세상에 생명의 빛으로 오신
우리 주 예수 그리스도!
예수를 믿는 자는 이제 빛의 자녀요 이 세상에 빛이라
요 1:4~5, "그(예수) 안에 생명이 있으니 이 생명은 사람들의 빛이라 빛이 어둠에 비치되 어둠이 깨닫지 못하더라."

빛(예수)을 사랑한 자들과 빛(예수)을 미워하는 자들 …
빛을 미워한 자의 정죄 = 자기 행위가 악하므로 어두움을 더 사랑함이요 그가 빛을 미워한 까닭은 자기 행위가 드러나기 때문이라.
요 3:19~20, "그 정죄는 이것이니 곧 빛(예수)이 세상에 왔으되 사람들이 자기 행위가 악하므로 어두움을 더 사랑한 것이니라 악을 행하는 자마다 빛을 미워하여 빛으로 오지 아니하나니 이는 그 행위가 드러날까 함이요."

빛(예수)을 사랑하고 진리를 따르는 자는 …
참 생명의 빛 되신 예수 그리스도께로 나아오나니
자기 행위가 하나님 안에서
행한 것임을 나타내려 함이라

요 3:21, "진리를 따르는 자는 빛으로 오나니, 이는 그 행위가 하나님 안에서 행한 것임을 나타내려 함이라."

참 빛 되신 예수를 영접한 자 = 하나님의 자녀가 되는 권세를 받으리.
요 1:9~14, 참 빛(예수) 곧 세상에 와서 각 사람에게 비추는 빛이 있었나니 그가 세상에 계셨으며 세상은 그로 말미암아, 지은 바 되었으되 세상이 그를 알지 못하였고 자기 땅에 오매 자기 백성(이스라엘)이 영접지 아니하였으나 영접하는 자, 곧 그(예수) 이름을 믿은 자들에게는 하나님의 자녀가 되는 권세를 주셨으니 이는 혈통으로나 육정으로나 사람의 뜻으로 나지 아니하고 오직 하나님께로 난 자들이니라 말씀이 육신이 되어 우리 가운데 거하시매 우리가 그 영광을 보니 아버지의 독생자의 영광이요 은혜와 진리가 충만하더라."

빛을 좋아하는 자들 = 빛의 열매를 맺으며 주를 기쁘시게 하며 착하게 의롭게 진실하게 사는 자들이라
(엡 5:8~11, "너희가 전에는 어두움이더니 이제는 주 안에서 빛이라 빛의 자녀들처럼 행하라 빛의 열매는 모든 착함과 의로움과 진실함에 있느니라 하나님께 기쁘시게 할 것이 무엇인가 시험하여 보라 너희는 열매 없는 어두움의 일에 참여하지 말고 도리어 책망하라."

너희는 세상의 빛이라.
마 5:14~16, "너희는 세상의 빛이라 산 위에 있는 동네가 숨겨지지 못할 것이요 사람이 등불을 켜서 말 아래에 두지 아니하고 등경 위에 두나니 이러므로 집 안 모든 사람에게 비치느니라 이같이 너희 빛이 사람 앞에 비치게 하여 그들로 너희 착한 행실을 보고 하늘에 계신 너희 아버지께 영광을 돌리게 하라."

너, 빛의 자녀여! 날마다 주와 동행하므로
착함과 의로움과 진실함의 삶을 통하여

이 어두움의 죄악 세상에 생명의 빛을 비추는 자가 되라.
사 60:1, **"너는 일어나라 빛을 발하라 여호와의 영광이 네 위에 임하였음이라."**

나, 이제 [하나님의 진리 등대] 되어
고통과 죄악의 파도가 많은
이 악하고 패역하고 불의와 불법이 만연하고
갖가지 질병이 창궐하고,
도처에 전쟁이 일어나고 지진과 태풍과 우박과
토네이도와 화산이 터지는 이 험한 풍랑이 이는
어두운 세상 바다에 어디 불빛 없는 가고 찾으며
물에 빠져 헤매는 이들에게
영원한 생명의 빛 되신 예수님을 전하며 살리라.
주께서 영광 중에 천군 천사와 함께
세상을 심판하시려고 다시 오실 그날까지….

기적의 하나님

요 2:11,
예수께서 이 처음 표적을 갈릴리 가나에서 행하여 그 영광을 나타내시매 제자들이 그를 믿으니.

이적과 표적 = 사람으로서는 할 수 없는 것을 하나님의 능력으로 놀랍게 이루는 일

예수님의 첫 번째 이적(요 2:1-11)
장소: 가나 혼인 집
때: 예수님의 공생애 시작하실 때(예수님의 나이 30세 때)

이적이 일어난 상황
마리아는 친척 집에 혼인잔치가 있어서 예수님과 함께 가셨습니다. 가나 혼인집에 축하객들이 예상 밖으로 많이 왔습니다. 축하객들에게 꼭 필요한 포도주가 떨어졌습니다. 혼인집에 포도주가 떨어졌으므로 주인에게는 기쁨 대신에 근심과 걱정과 염려가 생겼습니다.

우리의 삶 속에 갑자기 문제가 생겼을 때.
어떻게 해결해야 합니까? 문제를 바로 깨닫고 그 문제를 해결할 방법

을 아는 믿음의 사람이 되어야 합니다.
주님의 어머니, 마리아의 믿음이 이적을 이루게 함.
마리아는 이 문제를 주인이 알아서 스스로 하도록 맡기지 않고 문제를 가지고 예수님을 찾았습니다. 마리아는 예수님께 혼인집에 포도주가 떨어졌다고 하였습니다. 예수님은 아직 때가 안 되었다고 거절하였지만 마리아는 성령의 감동으로 예수님으로 하나님의 일을 하시도록 강권하였습니다. 마리아는 이 문제를 예수님께서 반드시 이루어 주실 줄 믿었습니다.

이적의 시작
예수님께서 이 땅에 오신 목적 즉 하나님 나라를 이루어 가시기 위한 구원 사역의 공생애가 이제 시작되었습니다. 인간이 할 수 없는 오직 하나님만이 할 수 있는 이적의 놀라운 일을 가나 혼인집에서 처음으로 시작하였습니다.

이적을 이룰 수 있는 예수님의 말씀의 권세(명령)
1. 첫 번째 명령 = 하인들에게 결례를 위해 준비된 두세 통 드는 항아리 여섯 개에 물을 아구까지 채우라 명하셨습니다. 예수님의 말씀에 순종하는 하인들은 항아리의 아구까지 가득히 물을 채웠습니다.
2. 두 번째 명령 = 이제는 떠서 연회장에게 갖다 주어라! 하인들이 떠서 연회장에게 갖다 주었습니다. 연회장이 포도주를 맛보았고 연회장이 질 좋은 포도주임을 확인하였습니다. 연회장은 주인에게 그대는 지금까지 좋은 포도주를 두었도다. 칭찬을 하였습니다. 그러나 하인들은 이 포도주가 어떻게 만들어졌는지를 알고 심히 놀랐습니다.

물이 포도주로 변화된 후의 상황.
1. 색깔의 변화가 일어났습니다.
   물의 투명의 색이 포도주의 아름다운 색깔로 변화되었습니다.
2. 맛의 변화가 일어났습니다.
   물맛이 포도주의 맛으로 변화되었습니다.
3. 값의 변화가 일어났습니다.
   물 값보다 더 비싼 포도주의 값으로 변화가 일어났습니다.
4. 기쁨의 감정의 변화가 일어났습니다.
   새 포도주를 마시는 사람마다 모두 기뻐하며 즐거워했습니다.
5. 근심, 걱정, 염려는 사라지고 기쁨과 평안과 안도의 확신을 체험하게 되었습니다.

예수님의 가장 위대한 이적과 기적은?
1. 예수님의 보혈의 피로 우리의 모든 죄와 허물을 깨끗하게 성결하게 하심이요.
2. 죄 값으로 형벌 받아 지옥에 갈 우리를 구원하시어 천국에 들어가게 하신 은혜라.

우리가 예수를 믿고 따르면 어떤 변화가 있게 되는가?
1. 죄인이 의인으로 거듭남의 변화가 일어나게 됩니다.
2. 마귀의 자식으로 진노를 받을 수밖에 없었던 죄인 된 자가 하나님의 사랑을 받는 자녀의 권세를 얻게 됩니다.
3. 어두움의 죄악의 세계에서 생명의 빛의 세계로 돌아오게 됩니다.
4. 죄로 인해 지옥 불 못에 던짐을 당하여 멸망 받을 자가 구원받아 천

국으로 들림 받을 자가 됩니다.

5. 하나님도 내세도 알지 못하던 무지한 자가 하나님의 사랑과 예수 그리스도의 사랑과 성령의 역사하심을 아는 지혜로운 자가 됩니다.

6. 자기만 알고 탐욕 속에서 살던 자가 주님 나라와 교회와 형제와 이웃을 위하여 기쁨으로 헌신하여 섬기며 값지게 보람 있게 살게 됩니다.

7. 먹고 마시고 향락하고 범죄를 일삼고 살던 자가 예수 안에서 의롭고 거룩하고 진실하게 살며 영광스러운 하늘나라에서 영생할 것을 소망하며 기쁨으로 감사와 찬양으로 영광 돌리며 살게 됩니다.

7. 이 세상의 부귀영화와 즐거움만을 위해 살던 자가 성령 안에서 변화되어 영생의 소망을 갖고 의와 평강과 희락을 누리며 선한 일에 열심히 하는 친백성으로 충성과 헌신함으로 살게 됩니다.

8, 성령의 새롭게 역사하시는 은혜로 영혼이 정한 마음과 정직한 영으로 변화 됩니다.

9, 아무 쓸모없는 자가 하나님의 영광을 위해 거룩한 사명을 이루는 영광스럽고 존귀한 자로 값진 삶을 살게 됩니다.

10, 어두움 속에서 살던 자가 생명의 빛을 발하는 자가 되고 썩어져 가는 세상에서 소금의 역할을 하게 됩니다.

11, 성격의 변화가 옵니다. 온유함과 겸손한 자가 됩니다.

예수님 안에서는 이러한 놀라운 이적의 변화가 지금도 성령의 능력으로 개인에게도 가정에서도, 사회에서도, 국가적으로도 일어날 수 있고 일어나게 됩니다.

살리는 것은 영

요 6:63,
살리는 것은 영이니 육은 무익하니라 내가 너희에게 이른 말이 영이요 생명이라.

그대는 성령을 충만히 받은 사람입니까?
그대는 성령으로 거듭난 하나님의 자녀로서
값지게 헌신하며 살고 있습니까?
교회를 오래도록 다닌 사람일지라도 그리고
존귀한 직분을 받은 자라도 그리스도의 영을
받지 못한 사람은 그리스도의 사람이 아닙니다.
총회장의 이름이 거듭남을 대신할 수 없고,
목사, 감독이 성령 충만함을 대신할 수 없습니다.
그를 가리켜 육신의 사람이라 합니다.

롬 8:9~11, "만일 너희 속에 하나님의 영이 거하시면 너희가 육신에 있지 아니하고 누구든지 그리스도의 영이 없으면 그리스도의 사람이 아니라 또 그리스도께서 너희 안에 거하시면 몸은 죄로 말미암아 죽은 것이나 영은 의로 말미암아 살아있는 것이라 예수를 죽은 자 가운데서 살리신 이의 영이 너희 안에 거하시면 그리스도 예수를 죽은 자 가운데서 살리신 이가 너희 안에 거하시는 그의 영으로 말미암아 너희 죽을 몸도 살리시리라."

하나님의 영, 그리스도의 영, 진리의 영,
보혜사 성령을 충만히 받읍시다.
성령님은 우리에게 예수님의 약속의 말씀을
생각나게 하시고 근심과 두려움이 없는
참 평안을 주십니다.

요 14:25~27, 보혜사 곧 아버지께서 내 이름으로 보내실 성령 그가 너희에게 모든 것을 가르치고 내가 너희에게 말한 모든 것을 생각나게 하리라 평안을 너희에게 끼치노니 곧 나의 평안을 너희에게 주노라 내가 너희에게 주는 것은 세상이 주는 것과 같지 아니하니라 너희는 마음에 근심하지도 말고 두려워하지도 말라."

너 성령의 인침으로 새롭게 거듭난 자여!
결코 성령을 근심하게 하지 말지어다.
날마다 때마다 순간마다 정한 마음과 정직한
영을 새롭게 하며 구원의 즐거움을 다시 회복 받아
자원하는 마음으로 복음을 전하며
어떤 상황 속에서도 말씀에 순종하며
선한 싸움에 승리하고 달려갈 길을 잘 달리고
끝까지 믿음을 지켜 승리자로 아름답게 살며
말씀으로 영들을 분별하며, 선악 간에 분별하며
자신을 주님께 드리기를 힘쓰며 충성스러운 자로
끝까지 싸워 남는 자 되시기를 축복합니다.

보혜사 성령

요 14:26,
보혜사 곧 아버지께서 내 이름으로 보내실 성령 그가 너희에게 모든 것을 가르치시고 내가 너희에게 말한 모든 것을 생각나게 하시리라.

구약의 성부 하나님은 인간이 볼 수 없는 하나님,
만일, 보게 된다면 죽을 수밖에 없어 두렵고 떨림으로 섬기는
아브라함의 하나님, 이삭의 하나님, 야곱의 하나님

신약의 성자 하나님은 눈으로 볼 수 있는 하나님,
그러나 소수의 특별한 사람만이 볼 수 있는 성자 하나님
영원한 하늘 보좌를 뒤로 하고 낮은 곳으로 오셔서
33년 잠시 계시다가 승천하신 말씀이 육신이 되신 하나님

세상 끝 날에, 교회시대 종말과 재림의 시대에는
성령의 하나님으로 우리 안에 보좌를 삼으시고
우리로 그리스도의 신부가 되도록 준비시키시는 하나님,
성령으로 거듭나고 성령으로 충만함을
계속적으로 유지하도록 도우시는 하나님,
- 너희가 아버지께 구하는 자에게, 성령을 주시지 않겠느냐(눅 11:13)

- 너희 몸은 너희 가운데 계신, 성령의 전 인줄 알지 못하느냐(고전 6:19)
- 성령으로 말미암아 네게 부탁한 아름다운 것을 지키라(딤후 1:14)
- 성령을 따라 행하라(갈 5:16)
- 성령이 하나 되게 하신 것을 힘써 지키라(엡 4:3)
- 성령은 진리니라(요일 5:6)
- 성령으로 살게 하소서(갈 5:25)
- 성령이 교회들에게 하시는 말씀을 들을지어다(계 2:7,11)

= 우리의기도
1. 성령님 임하여 주시고(마 3:16), 머무셔서(요 1:32) 성령 충만하게 하옵소서.(엡 5:18)
2. 성령님께 이끌리어 지시를 받고(눅 2:26), 이끌리어 가게 하옵소서.(막 1:12, 마 4:1)
3. 주의 성령을 내게서 거두지 마시고, 항상 내 영을 새롭게 하여 주옵소서.(시 5:1, 엡 3:16, 딛 3:5)
4. 성령 안에서 기도하고 여러 성도를 위하여 구하게 하옵소서.(엡 6:18)
5. 성령을 힘입어(마 12:28) 성령의 증인되게 하옵소서.(행 1:8)
6. 성령으로 모든 것을 가르치고 말하게 하시고(마 10:20), 말씀의 모든 것을 생각나게 하옵소서.(요 14:26)
7. 성령의 감동으로 그리스도를 주라 칭하게 하시며(마 22:43) 담대히 성전에 들어가게 하시며(눅 2:27) 한량 없이 하나님의 말씀을 하게

하옵소서.(요3:34)

8. 성령의 위로로 부흥되게 하옵소서.(행9:31)

9. 성령의 능력과 기름부으사 임마누엘 되시는 여호와 하나님을 선포하게 하옵소서.(행 10:38)

10. 성령과 불의 세례를 부어 주옵소서.(마 3:11)

= 성령을 모독(훼방) 하지 않게 하옵소서.(막 3:29)

= 성령을 근심되게 하지 않게 하옵소서.(엡 4:30)

= 성령을 소멸하지 않게 하옵소서.(살전 5:19)

= 분열하지 분열되지 않게 하옵소서.(유 1:19)

말씀 받을 때(행 10:44)

기도할 때(행 8:15)

회개할 때(행 2:38)

안수 받을 때(행 8:19)

안수할 때(행 8:17, 19:6)

성령님의 은사를(고전 1:11) 부어주옵소서.

성령님의 열매를(갈 5:22) 맺게 하옵소서.

성령의 사람으로 충만하게 하옵소서. 아멘, 아멘.

내 안에 예수와 그의 영으로 충만하라

요 15:7,
너희가 내 안에 거하고 내 말이 너희 안에 거하면 무엇이든지 원하는대로 구하라 그리하면 이루리라.

그대는 진실로 마음 중심에 예수를 구주로 영접하여
하나님의 자녀가 되었는가?

아무나 예수를 그리스도라 말할 수 있는 것이 아니요
하나님께서 알게 하신 자만이
예수는 하나님의 아들이시요 그리스도이심을 알고
고백하여 말하게 됩니다.
마 16:15~17, "예수께서 이르시되 너희는 나를 누구라 하느냐 시몬 베드로가 대답하여 이르되 [주는 그리스도시오 살아 계신 하나님의 아들] 이시니이다 예수께서 대답하여 이르시되 바요나 시몬아 네가 복이 있도다 [이를 네게 알게 한 이는 혈육이 아니요 하늘에 계신 내 아버지시니라]."

열 한 제자들은 예수를 주님이라 하였지만
가룟 유다는 한 번도 "예수"를 "주"라 부르지 않고
[선생님]이라고만 불렀습니다.

생명의 빛으로 세상에 오신 예수 그리스도.

요 1:1~5, "태초에 말씀(예수님)이 계시니라 이 말씀이 하나님과 함께 계셨으니 이 말씀은 곧 하나님이시니라 그가 태초에 하나님과 함께 계셨고 만물이 그로 말미암아진 바 되었으니 지은 것이 하나도 그가 없이는 된 것이 없느니라 그 안에 생명이 있었으니 이 생명은 사람들의 빛이라 빛이 어둠에 비치되 어둠이 깨닫지 못하더라."

온 천하 만물을 창조하신 주께서 말씀이 육신이 되어
생명의 빛으로 이 세상에 오셔서 각 사람들의 심령에
비추어 주셨지만 인간들은 그를 알지 못하였고
자기 땅 자기 백성에게 오셨지만 그들이 영접하지
아니하였도다 그러나 하나님의 성령으로
예수님을 마음에 구주로 믿고 영접하여 드리고
그 이름을 믿는 자들에게는 하나님의 자녀가 되는
권세를 주셨음이라.

예수를 나의 구세주로 영접하여 하나님의 독생자이심을 확실히 믿는 자에게는 하나님의 자녀로서 이미 구원을 받았습니다. 예수를 구주로 하나님의 아들로 마음으로 믿는 것은 육정으로나 사람의 뜻으로 되는 것이 아니요
오직 하나님께로 난 자들만이 예수 그리스도를
구주로 믿고 영접할 수 있습니다.

성령을 충만히 받으면 말씀이 육신이 되어
우리 가운데 계신 예수님의 영광을 볼 수 있고

은혜와 진리가 충만하심을 깨달아 알게 됩니다.
요 1:14, "말씀이 육신이 되어 우리 가운데 거하시매 우리가 그의 영광을 보니 아버지의 독생자의 영광이요 은혜와 진리가 충만하더라."

이제, 내 안에 예수께서 사신 것을 알라.
갈 2:20, "내가 그리스도와 함께 십자가에 못 박혔나니 그런즉 이제는 내가 사는 것이 아니요 오직 내 안에 그리스도께서 사시는 것이라 이제 내가 육체 가운데 사는 것은 나를 사랑하사 나를 위하여 자기 자신을 버리신 하나님의 아들을 믿는 믿음 안에서 사는 것이라."

그대는 마음 중심에 예수 그리스도가 살아계십니까?

예수님을 내 안에 모시고 매 순간 주와 함께
동행하며 살고 있는가?
모든 일을 예수님과 먼저 의논하고 나의 삶을 예수님께 온전히 맡기고 살고 있는가?
날마다의 삶이 주의 뜻을 알아 이루며 주님의 기쁨이 되는 값진 삶을 살고 있는가?
연약하여 날마다 순간마다 범죄 한 것들을 하나도 남김없이 자백하고 회개하여 예수 그리스도의 십자가 보혈로 씻음 받아 성결하고 정결하고 거룩하게 되었는가?
이 말씀들이 택함을 입은 성도들의 구원을 얻는 기초적인 축복의 방편이 됩니다.

오늘도 구원받은 기쁨 속에서 감사하며 찬양하며

전도하며 충성하므로 주께 영광 돌리며

값지고 거룩하고 아름다운 삶을 살지라.

이 말씀을 먼저 내가 믿고, 생명의 빛 되신 예수님을

마음에 모시고 살며

다른 사람을 전도할 때 이 말씀으로 전하세요.

예수님은 나의 구주가 되시어 지금 내 안에 계셔서

오늘도 나의 구원을 이루어가십니다.

가족 구원을 이루라.

행 16:3, "주 예수를 믿으라 그리하면 너와 네 집이 구원을 얻으리라."

예수 그리스도의 이름

행 3:6,
베드로가 가로되 은과 금은 내게 없거니와 내게 있는 것으로 네게 주노니 곧 나사렛 예수 그리스도의 이름으로 걸으라 하고.

예수 그리스도의 이름이 가진 신비한 능력 예수 그리스도의 이름은 기독교 신앙에서 매우 중요하며, 성경에서는 이 이름에 신비롭고 강력한 능력이 있다고 가르칩니다. 단순히 발음하는 것을 넘어, 이 이름에 담긴 의미와 믿음이 능력을 발휘하는 핵심입니다.

예수 그리스도 이름의 의미와 능력

- 구원의 능력: 성경은 **"다른 이로서는 구원을 받을 수 없나니 천하 사람 중에 구원을 받을 만한 다른 이름을 우리에게 주신 일이 없음이라"**(행4:12)고 말합니다. 예수 그리스도의 이름은 인류의 죄를 대속하고 하나님과의 관계를 회복시키는 궁극적인 구원의 능력을 상징합니다. 이 이름을 믿음으로 고백함으로써 죄 사함을 받고 영생을 얻을 수 있습니다.

- 치유와 회복의 능력: 복음서와 사도행전에는 예수 그리스도의 이름

으로 병든 자가 낫고, 귀신이 쫓겨나는 등 수많은 기적이 기록되어 있습니다. 베드로는 나면서부터 걷지 못하는 사람을 일으키며 **"나사렛 예수 그리스도의 이름으로 걸으라"**고 선포했습니다(행3:6). 이는 예수 그리스도의 이름이 육체적, 정신적 질병으로부터의 치유와 회복을 가져올 수 있음을 보여줍니다.

- 어둠의 세력을 제압하는 능력: 사단과 악한 영들은 예수 그리스도의 이름 앞에 복종하고 떠나갑니다. 예수님께서 직접 **"내 이름으로 귀신을 쫓아내며"**(막16:17)라고 말씀하셨습니다. 이는 예수 그리스도의 이름이 영적인 어둠의 권세와 죄의 속박으로부터 해방시키는 힘을 가지고 있음을 의미합니다.

- 기도 응답의 능력: 예수님은 **"너희가 내 이름으로 무엇이든지 내게 구하면 내가 행하리라"**(요14:14)고 약속하셨습니다. 이는 우리가 예수 그리스도의 이름으로 하나님께 나아갈 때, 우리의 기도가 응답 될 수 있는 권세와 특권이 있음을 나타냅니다. 이 이름은 하나님과 우리 사이의 중보자 역할을 합니다.

- 승리와 권세의 능력: 예수 그리스도의 이름은 모든 이름 위에 뛰어난 이름이며(빌2:9-10), 이 이름을 통해 우리는 세상의 어려움과 유혹을 이겨낼 수 있는 영적인 승리와 권세를 얻게 됩니다. 믿는 자들에게 이 이름은 두려움을 이기고 담대함을 주는 원천이 됩니다.

사단이 가장 두려워하는 이름,
사단은 예수 그리스도의 이름을 가장 두려워합니다.
그 이유는 예수 그리스도의 이름이
사단의 모든 권세를 깨뜨리고,
그의 계획을 좌절시키며,
죄와 죽음으로부터 인류를 구원하는 궁극적인 능력이 담겨 있기 때문입니다.
사단은 이 이름 앞에 무력해지며, 복종할 수밖에 없습니다.

그 이름의 권세를 우리에게 주셨으니 사용할 때 역사가 일어납니다.
믿음으로 집행할 때 (사·마·귀)는 떠나가고 멸하는 역사가 나타납니다.
하늘과 땅과 바다와 그 가운데
가장 위대한 이름의 권세를 주셨으니
언제든지 선포하면 하나님의 자녀의 권세가 나타냅니다.

오직 예수

행 4:12,
다른 이로써는 구원을 받을 수 없나니 천하 사람 중에 구원을 받을 만한 다른 이름을 우리에게 주신 일이 없음이라.

- '오직 예수님만이 구원' 사상은 기독교 신앙의 핵심

기독교에서는 모든 사람이 하나님과의 관계가 끊어진 상태,
즉 죄를 지닌 존재라고 믿습니다.
이 죄 때문에 우리는 스스로의 힘으로는 하나님께 나아갈 수 없고,
영원한 죽음(지옥)에 이르게 된다고 주장합니다.

이제, 구원이 필요한 이유를 생각해 봅시다.
우리는 이 죄의 문제를 스스로 해결할 수 없습니다.
아무리 착한 일을 많이 하고, 다른 사람을 도와주더라도
죄의 문제를 완전히 씻어낼 수는 없습니다.
빚을 갚으려 해도 빚이 많아 갚을 수 없는 상황과 같습니다.
이때, 예수님이 등장합니다.
예수님은 죄가 없는 분으로서,
우리 대신 십자가에 못 박혀 죽으셨습니다.

이 행동은 우리 모든 죄에 대한 대가를 대신 치르신 것입니다.
예수님의 죽음과 부활을 통해 우리에게
하나님과의 관계를 회복할 수 있는 길이 열렸습니다.

따라서 오직 예수님만이 구원이라는 말은,
우리가 스스로 해결할 수 없는 죄의 문제에
예수님께서 유일한 해결책이 되어주셨다는 의미입니다.
예수님을 믿고 그분을 구원자로 받아들일 때,
우리의 죄는 용서받고 하나님과 화목하게 되어
영원한 생명을 얻게 됩니다.
다른 어떤 종교나 선행으로는 이 죄의 문제를 해결할 수 없어,
'오직 예수님'이라고 말하는 것입니다.

하나님은 우리에게 예수님을
구원 얻을 유일한 선물로 주셨습니다.
그래서 우리는 오직 예수님으로만
구원을 얻는다고 믿습니다.
하지만 우리는 스스로에게 오직 예수님의 이름으로
구원을 얻고 있는지 물어야 합니다.

성전 미문 앞에 앉아 구걸하던, 나면서부터
못 걷게 된 사람에게 사도들이 외쳤던
예수님의 이름을 기억해야 합니다.

베드로는 이렇게 말했습니다.

행 3:6, "은과 금은 내게 없거니와 내게 있는 이것을 네게 주리니 나사렛 예수 그리스도의 이름으로 일어나 걸으라."

그리고 오른손을 잡아 일으키니
그는 곧 힘을 얻고 벌떡 일어나서 걸었습니다.
사도들은 구걸하는 그에게 줄 돈이 하나도 없었습니다.
그렇다고 해서 아무것도 할 수 없다고 포기하지 않았습니다.
돈보다 더 귀한 예수님의 이름을 믿었기 때문입니다.
고통 가운데 있는 사람을 구원할 힘이
예수님의 이름에 있다고 믿었습니다.
지당한 믿음입니다.
예수님의 이름에는 힘이 있습니다.
예수님의 이름은 고통 가운데 있는 사람을 구원할 수 있습니다.
나 혼자서 누리라고 예수님을 선물로, 주신 것이 아닙니다.

내가 예수님을 믿는다고 확신한다면
예수님의 이름을 다른 이들을 돕는 데 사용해야 합니다.
다른 사람의 구원을 위해 사용해야 합니다.
그래야 그 이름이 최고의 이름이 되고
참 가치를 발휘하게 됩니다.
예수님의 이름을 자꾸 사용합시다.
믿는 사람에게 예수님의 이름은
유일한 구원의 이름입니다.

힘들고 어려울 때 예수님은 나와 함께하시고
나를 돌보심을 믿습니다.
예수님만이 나의 구원과 힘이 되심을 믿습니다.
예수님께 희망을 가지고 살게 하옵소서.
또한 그 희망이 다른 사람에게도
희망이 되도록 자랑하게 하옵소서.
예수 그리스도의 이름으로 기도합니다. 아멘.

생명의 성령의 법

롬 8:2,
이는 그리스도 예수 안에 있는 생명의 성령의 법이 죄와 사망의 법에서 너를 해방하였음이라.

'생명의 성령의 법'은 그리스도인의 삶에서 죄와 사망의 법에서 벗어나 새로운 삶으로 인도하는 하나님의 원리를 나타냅니다. 이 개념을 신령하게 해석하려면 핵심적인 개념들을 이해해야 합니다.

1. 생명의 의미 = 죄와 사망을 넘어선 실재

여기에서의 생명은 단순히 육체적인 생존을 넘어선 개념입니다. 그것은 하나님과의 온전한 관계에서 오는 풍성한 영적인 삶, 즉 영생을 의미합니다. 아담의 범죄 이후 인류는 죄 아래 놓여 영적으로 죽은 상태가 되었고, 죄의 결과로 사망이 찾아왔습니다. 죄와 사망의 법은 이러한 인류의 죄 된 본성과 그로 인한 필연적인 사망을 가리킵니다.
그러나 생명의 성령의 법은 이 죄와 사망의 지배에서 벗어나게 하는 하나님의 새로운 질서입니다. 이것은 예수 그리스도의 십자가 대속을 통해 성취된 것으로, 그분 안에서 우리가 얻게 되는 새로운 피조물로서의 신분과 새로운 삶의 방식을 의미합니다. 이 생명은 단순히 미래에 주어질 영생만을 의미하는 것이 아니라, 지금 여기서부터 경험할 수 있는 하나님의 임재와 능력 안에서의 삶을 포함합니다.

2. 성령의 역할 = 생명의 법을 가능하게 하는 능력

이 법이 성령의 법이라고 불리는 것은 성령님께서 이 생명의 법을 우리의 삶에 실재하게 하시는 주체이시기 때문입니다. 우리의 육체적인 노력이나 율법적인 행위로는 죄의 권세에서 벗어날 수 없습니다. 율법은 죄를 깨닫게 할 뿐 죄에서 해방시키지는 못합니다. 오히려 율법은 죄를 더욱 분명히 드러냄으로써 사망에 이르게 하는 도구처럼 작용할 수 있습니다.(로마서 7장 참조)

그러나 성령님께서는 우리 안에서 새로운 본성을 창조하시고, 죄의 유혹을 이길 수 있는 힘을 주시며, 하나님의 뜻에 순종할 수 있도록 인도하십니다. 성령님은 예수 그리스도의 부활의 능력을 우리 안에 가져오셔서, 우리가 죄에 대해 죽고 의에 대해 살게 하십니다.
이것은 마치 중력의 법칙을 거슬러 비행기가 날아오르듯이, 죄와 사망의 필연적인 법칙을 거슬러 올라가 새로운 생명의 영역으로 들어가는 것과 같습니다. 성령님은 우리의 영혼을 소생시키고, 우리를 그리스도와 연합시키며, 하나님의 자녀로서의 권세를 누리게 하십니다.

3. 법의 의미 = 새로운 통치 원리

생명의 성령의 법에서 '법'은 단순히 도덕적인 규율이나 계명을 넘어선 의미를 가집니다. 그것은 하나님께서 정하신 영적인 원리이자 통치 질서입니다. 죄와 사망의 법이 우리를 필연적으로 사망으로 이끌듯이, 생명의 성령의 법은 우리를 필연적으로 생명과 자유로 인도합니다. 이것은 우리가 노력해서 얻는 것이 아니라, 그리스도 안에 있는 믿음을 통해 주어지는 새로운 실재입니다.

이 법은 우리를 율법적인 정죄와 의무감에서 해방시킵니다. 더 이상 율법을 지키기 위해 애쓰는 것이 아니라, 성령님께서 우리 안에서 역사하심으로 자연스럽게 하나님의 뜻에 순종하게 됩니다.

이것은 억압적인 강제가 아니라, 내면에서 우러나오는 기쁨과 사랑으로 행하는 순종입니다. 마치 물이 위에서 아래로 흐르듯이, 생명의 성령의 법은 우리의 존재 안에서 자연스럽게 역사하여 우리를 하나님의 형상을 닮아가게 합니다.

4. 신령한 삶으로의 적용

생명의 성령의 법을 이해하는 것은 단순히 교리적인 지식에 머무르지 않고, 우리의 실제 삶 속에서 신령한 삶을 살아가는 원동력이 되어야 합니다.

자유와 해방 = 우리는 더 이상 죄의 종이 아니라 하나님의 자녀로서 죄의 권세에서 자유롭습니다. 과거의 죄책감이나 정죄감에서 벗어나 참된 자유를 누릴 수 있습니다.

성령의 인도하심 = 매일의 삶 속에서 성령님의 음성에 귀 기울이고 그분의 인도하심을 따라야 합니다. 기도, 말씀 묵상, 공동체 안에서의 교제를 통해 성령님과의 친밀한 교제를 이어나갈 때, 이 생명의 법은 더욱 강력하게 역사합니다.

의의 열매 = 성령님께서 우리 안에 거하시면서 사랑, 희락, 화평, 오래 참음, 자비, 양선, 충성, 온유, 절제와 같은 의의 열매를 맺게 하십니다. 이는 우리가 노력해서 만들어내는 것이 아니라, 성령님께 순종할 때 자연스럽게 나타나는 결과입니다.

영적 전쟁 = 생명의 성령의 법은 우리를 죄와 육체의 소욕으로부터 해방시키지만, 여전히 죄의 유혹은 존재합니다. 그러나 우리는 더 이상 무기력하게 당하는 존재가 아니라, 성령의 능력으로 죄와 싸워 이길 수 있는 존재가 되었습니다.

생명의 성령의 법은 복음의 핵심이며, 그리스도인의 모든 삶을 지탱하는 근본 원리입니다. 이 법 안에서 우리는 죄와 사망의 어두운 그림자를 벗어나, 빛 가운데서 하나님과 동행하며 영원한 생명을 누리는 복된 삶을 살 수 있습니다. 이것은 인간의 이해를 뛰어넘는 신비로운 하나님의 은혜이며, 오직 믿음으로만 붙들 수 있는 신령한 진리입니다.

육신의 생각, 영의 생각

롬 8:5-6,
육신을 좇는 자는 육신의 일을 영을 좇는 자는 영의 일을 생각하나니 육신의 생각은 사망이요 영의 생각은 생명과 평안이니라.

육신의 생각과 영의 생각은 늘 충돌

그 결과는 엄청난 상황을 만들어 냅니다.
하나님은 인간을 창조하신 때 인간의 몸 속에
지혜와 지식과 명철과 총명과 이상과
정과 의와 몽조를 넣으시고 마음과 생각과
뜻을 품게 하시고
서로 대화를 위해 말을 할 수 있도록
정교하게 만들어주셔서
거룩하신 하나님과 영원히 교제하시기를
원하시고 기뻐하셨습니다.

하나님은 우리의 생각을 다 아십니다.
마 12:25, "예수께서 저희 생각을 아시고."
히 4:12, "또 마음의 생각과 뜻을 판단하시나니."

인간은 두 가지 생각의 갈등 속에서
날마다 싸우고 실패를 하고 넘어지고,
고생을 자청하고 힘든 인생을 살아갑니다.
영을 따라 살아가는 진실한 그리스도인이 되어야 합니다.
- 하나님의 택하심을 받고 예수의 피로 속죄함을 받아
  성령으로 거듭난 자는 영의 생각을 하는 자이다.
- 교회를 다니고 있으나 성령으로 거듭나지 못한 자는
  육에 속한 자로 육의 생각을 한다.

육신의 생각과 영의 생각의 결과

롬 8:5~6, "육신을 따르는 자는 육신의 일을, 영을 따르는 자는 영의 일을 생각하나니 육신의 생각은 사망이요 영의 생각은 생명과 평안이니라."

육신을 따르는 자의 생각은
자기 생각대로 자기 뜻대로 행합니다.
육신에 유익된 것만 생각합니다.
악을 도모하고 죄를 지을 생각만 합니다.
하나님과 원수가 되는 삶을 삽니다.
자기가 다 된 줄로 생각하고 자만으로 자신을 속입니다.
돈을 사랑하고 부자 되기만을 좋아합니다.
불의와 불법을 자행합니다.

거짓과 감언이설로 사람들을 속입니다.

탐욕과 정욕으로 가득 차 있습니다.
남을 판단하고 정죄합니다.
남의 것을 갈취하며 빼앗습니다.
간교하고 간사합니다.
중상 모략하고, 이 사람 저 사람을 서로 이간질을 합니다.
먹고 마시고 입고 즐겁게 살 것만 생각합니다.
교회 안에서 당을 만들고 불의한 행동으로 교회를 욕되게 합니다.
남을 구타하고 폭언과 협박을 하고 죽이는 일을 일삼습니다.
종말에 선악 간에 심판을 생각하지 않습니다.
자기 권력과 재물만 믿고 삽니다.
공의로우신 하나님을 두려워하지 않습니다.
자기만을 위해 살아갑니다.
어리석고 허황된 생각을 합니다.
자기 생각과 주관대로 삽니다.
하나님의 말씀에 불순종하는 삶을 살아갑니다.
이렇게 육신을 따라 생각하며 살아가는 자는
하나님의 심판을 받아 그의 마지막은 사망이요
영원히 지옥 불못에 던져집니다.

영의 생각을 하며 하나님의 말씀 따라
순종하며 사는 자의 삶은
하나님께서 택하여 주신 놀라운 은혜와
하나님의 한없는 사랑을 깊이 생각하고 감사합니다.

예수님의 십자가 사랑과 구원의 은혜를 생각하며
감사하며 찬송하며 살아갑니다.
성령의 생각을 따라 순종하며 충성하며 삽니다.
말씀을 붙잡고 순간마다 기도하며 삽니다.
먼저 그의 나라와 그의 의를 구하며 삽니다.
오늘도 무엇으로 하나님을 기쁘시게 할까 생각하고
하나님이 기뻐하실 일을 하며 삽니다.
오늘도 한 영혼 내게 보내 주시옵소서,
기도하며 영혼을 구원하려 전도하려 담대히 나아갑니다.

풀무불로 연단한 질병의 고통 속에서도 주께서 나를
연단하시어 순금같이 되어 나오게 하리라.
믿고 확신하며 참고 견디어 기도로 승리합니다.
주님의 십자가를 생각하며 온갖 고난과 시험을
능히 물리치고 이기며 삽니다.
대제사장 예수님을 깊이 생각하며 신뢰합니다.
하나님의 성전을 사모하며 예배드리며
감사하며 찬양하며 삽니다.
하나님의 자녀들이 서로 사랑하며 배려하며
위로하며 화목하며 삽니다.
가련한 자 가난한 자 불쌍한 자를 도우며 삽니다.
하나님의 사랑과 능력을 믿고 승리하며 삽니다.
소망 중에 날마다 감사하며 찬송하며 삽니다.

하루하루 순간마다 주와 동행하며 삽니다.
모든 일을 하나님의 뜻에 맡기며 삽니다.

하나님이 주신 참 평안을 누리며 삽니다.
주님의 성품을 본받아 온유하고 겸손하며
순결과 정절을 지키며 정직한 마음으로 살아갑니다.
말세에 복음의 전파자로 사명자로 생명 다하여
값지게 충성하며 삽니다.
육체를 괴롭히고 죽이는 자를 두려워하지 않고
오직 영과 육을 아울러 멸하시는
하나님을 두려워하며 삽니다.
예수님과 함께 영광스러운 천국에서
영생을 누리며 살게 될 복된 그날을 생각하며
선한 싸움에 승리하며 오직 믿음으로 살아갑니다.

이렇게 영의 생각으로 사는 자는 하나님의 사랑과 은혜 안에서
생명과 참 평안을 누리며
기쁘게 찬송하며 살게 됩니다.
주님의 사랑을 받은 자여! 오늘도 성령의 인도하심을 따라
주의 영광을 위해 생각하며
주님의 거룩한 뜻을 이루며 생명과 평안을 누리며
착하게 의롭게 진실하게 살아 값진 삶을 주께 드립시다.
아멘. 주 예수여! 속히 오시옵소서.

살리는 영

롬 8:11,
예수를 죽은 자 가운데서 살리신 이의 영이 너희 안에 거하시면 그리스도 예수를 죽은 자 가운데서 살리신 이가 너희 안에 거하시는 그의 영으로 말미암아 너희 죽을 몸도 살리시리라.

예수 그리스도 안에 있는 자는
하나님의 성령으로 인치심을 받은 자로서
하나님의 양자로 택함을 받은 자들입니다.
성령의 인치심을 받은 사람은 새 사람으로
거듭남을 받아 주를 위한 삶을 값지게 살아갑니다.

성령께서 우리 마음에 계시어 우리의 마음과 생각과
우리의 모든 삶을 변화시켜 주십니다

성령을 충만히 받은 사람은?
거룩한 날에 하나님의 보좌 앞에 나아가서
성령의 인도하심따라 신령과 진리로
하나님께 경배드림으로 하나님의 영광을 입어
영적 삶에 승리하며 삽니다.

성령께서 정한 마음을 갖게 하시고
정직한 마음으로 살아가게 하십니다.
성령께서 나쁜 습관과 성품과
나쁜 버릇을 고치도록
새롭게 변화시켜 주십니다.
주님의 마음과 성품을 본받아 살아갑니다.
매일 모든 일에 성령의 인도함을 받습니다
성령께서 창조적 생각과 긍정적인 마음을
갖게 하십니다.
무엇보다도 우리 생각 속에 영적 가치를
가장 소중히 여기게 합니다.
물질과 화평을 서로 나눌 수 있는 사람이 되게 하십니다.
남의 것을 탐하지 않으며 남에게 빌린 것은
반드시 갚는다. 홀이라도 남에게 빌린 것을
갚지 않는 자는 거룩한 성에 들어가지 못 합니다
문제를 믿음의 기도로 해결 받는 사람이 됩니다.
영적인 일에 성령의 감동 감화로 깨달아 알게 합니다.
나와 반대 의견도 다른 의견이라고 수용하는
넓은 마음을 갖게 됩니다.
믿음의 삶에 영적으로 살아가는 좋은 동반자들이 생깁니다.
주님의 뜻대로 살고자 더욱 노력합니다.
주위 사람들에게 기쁨과 평안함을 줍니다.

사랑할 수 없는 자도 저들의 잘못을 용서하며
사랑으로 품어줍니다.
자신의 몸이 하나님의 성령이 거하시는 전인 줄 알아 거룩하게
구별하여 살며 성결과 정절을 지키며 살아갑니다.
선한 일에 열심하며 악은 모양이라도 다 버립니다.
한 순간도 죄를 마음에 품고 살 수 없음으로
죄를 짓는 즉시 회개합니다.
자기의 모든 재능을 하나님의 영광을 위하여
기쁨과 감사함으로 사용합니다.

하나님의 영광을 위해 죽으면 죽으리라 하는
담대함과 강력한 힘과 인내와 끈기를 갖고 살아갑니다.
마음에 남에게 대하여 원망과 원한을 품지 않습니다.
모든 면에 믿음을 근거로 한 긍정적인 마음의
소유자가 됩니다.
주의 사랑으로 남을 위하여 희생할 줄
아는 사람이 됩니다.
땅 위의 것 보다 하늘나라에 대한 것을
더 사모함으로 살아갑니다.
어떤 고통과 괴로움 속에서도 주
님의 십자가를 생각하며 오래 참고 견디며
끝까지 승리하는 삶을 살아갑니다.
남을 나보다 낫게 여기며 겸손한 마음으로

남을 섬기며 살아갑니다.
말과 행동에 있어서 항상 절제하며 살아갑니다.
생명의 씨를 뿌리는 복음의 전도자가 됩니다.
하나님의 비밀을 맡은 자로 말씀의 꼴을 준비하여
양 떼들의 영혼을 더욱 윤택하게 하며
온몸과 마음을 다하여 선한 일에 충성합니다.
하늘나라에 대한 영광스러운 소망 중에
성결과 정절을 지키며 주께 감사하며 기뻐하며
찬송하며 말씀 따라 살아가기를 힘을 씁니다.

무시로 성령 안에서 자신과 가족과 이웃과
교회와 나라를 위하여 눈물로 기도와 간구와
도고를 하며 살아갑니다.
모든 일이 형통할 때든 심히 어려운 일이 있을 때도 늘 범사에
감사하며 살아갑니다.
자신의 죄와 허물을 온전히 고백하며 회개합니다.
거듭난 새 사람으로 주님과 동행하며 살아갑니다.
새 하늘과 새 땅을 날마다 사모하며 살아갑니다.
다시 오실 주님을 기다리며 등과 기름을 준비하며
성실하게 살아갑니다.
천국 시민권을 하나님께 받은 자로서 긍지를 갖고 살아갑니다.
주께서 언제 어디서나 나와 함께 계심을 확신하며
강하고 담대하게 살아갑니다.

말씀을 사모하며 그 말씀 따라 순종합니다.

주님의 몸 된 교회를 위해 충성하며 살아갑니다.
모든 성도들을 주님의 사랑으로 섬기며 살아갑니다.
주님이 가장 기뻐하신 영혼구원의 열매 맺는
전도자의 삶을 삽니다
살아도 주를 위해 살고 죽어도 주를 위해 죽습니다.
자신을 희생하여 남을 유익하게 합니다.
어떤 상황에서도 남을 돌(말)로 치지 않습니다.
말을 조심하고 덕을 이루는 은혜로운 말을 합니다.
정과 욕심을 십자가에 못 박는 삶을 삽니다.
악의 영들의 유혹을 성령의 능력으로 물리칩니다.
착하게 의롭게 진실하게 살아갑니다.

새 사람을 입은 자는
유혹의 욕심과 썩어져 가는 구습을 벗어버리고
진리의 거룩함을 입어 새 사람으로 살아갑니다.

엡 4:22~23, "너희는 유혹의 욕심을 따라 썩어져 가는 구습을 좇는 옛사람을 벗어 버리고 오직 성령으로 새롭게 되어 하나님을 따라 의와 진리의 거룩함으로 지으심을 받은 새 사람을 입으라."
빌 4:13, "내게 능력 주시는 자 안에서 내가 모든 것을 할 수 있느니라"

그대는 성령을 받은 사람입니까?

남은 자의 구원

롬 9:27~30,
또 이사야가 이스라엘에 관하여 외치되 이스라엘 자손들의 수가 비록 바다의 모래 같을지라도 남은 자만 구원을 받으리니.

이 세상의 사람들의 수가 비록 바다의 모래 같을지라도 오직 남은 자만 구원을 얻으리라.
이 땅에 하나님께서 믿음으로 의롭게 된 자들을 남겨둔 자가 없었다면 오늘의 이 시대도 소돔과 고모라와 같았으리라.

주께서 땅 위에서 그 말씀을 이루고 속히 시행하시리라 하셨느니라
또한 이사야가 미리 말한 바 만일 만군의 주께서
우리에게 씨를 남겨두지 아니하셨더라면
우리가 소돔과 같이 되고 고모라와 같았으리로다
함과 같으니라 그런즉 우리가 무슨 말을 하리오
의를 따르지 아니한 이방인들이 의를 얻었으니
곧 믿음에서 난 의요

만군의 여호와께서 바알(우상)과 불의한 권력자들에게 무릎을 꿇지 아니한 칠천 명을 남겨두셨도다.

엘리야 시대에 하나님께서 바알(우상)과 선지자들을 죽이고 제단을 헐어버리는 불의한 권세자들에게 무릎 꿇지 아니한 자 칠천을 남겨두심 같이 지금도 은혜로 택하심을 따라 남은 자들이 있음이라

롬 11:2~5, 하나님이 그 미리 아신 자기 백성을 버리지 아니하셨나니 너희가 성경이 엘리야를 가리켜 말한 것을 알지 못하느냐 그가 이스라엘을 하나님께 고발하되 주여! 그들이 주의 선지자들을 죽였으며 주의 제단들을 헐어버렸고 나만 남았는데 내 목숨도 찾나이다 하니 그에게 하신 대답이 무엇이냐 내가 나를 위하여 바알에게 무릎을 꿇지 아니한 사람 칠천 명을 남겨 두었다 하셨으니 그런즉 이와 같이 지금도 은혜로 택하심을 따라 [남은 자]가 있느니라"

하나님의 안식에 들어갈 자가 되자.
하나님의 안식에 들어갈 약속이 남아있을지라도
너희 중에 혹 들어가지 못할 자가 있을까 두려워하라
이미 믿는 우리들은 영원한 안식에 들어가는도다.

히 4:1~3, "그러므로 우리는 두려워할지니 그의 안식에 들어갈 약속이 남아있을지라도 너희 중에는 혹 이르지 못할 자가 있을까 함이라 이미 믿는 우리들은 저 안식에 들어가는도다 그가 말씀하신 바와 같으니 내가 노하여 맹세한 바와 같이 그들이 내 안식에 들어오지 못하리라 하셨다 하였으나 세상을 창조할 때부터 그 일이 이루어졌느니라."

그리스도의 십자가의 고난에 동참하라.
육체의 고난을 받은 자들이 죄를 회개하고
죄를 그쳤음이라 그 후로는 다시 사람의
정욕을 따르지 않고 하나님의 뜻을 따라

성결을 지키며 육체의 남은 때를 살아감이라.

벧전 4:1~3, "그리스도께서 이미 육체의 고난을 받으셨으니 너희도 같은 마음으로 갑옷을 삼으라 이는 육체의 고난을 받은 자는 죄를 그쳤음이니 그 후로는 다시 사람의 정욕을 따르지 않고 하나님의 뜻을 따라 육체의 남은 때를 살게 하려 함이라 너희가 음란과 정욕과 술 취함과 방탕과 향락과 무법한 우상숭배를 하여 이방인의 뜻을 따라 행한 것은 지나간 때로 족하도다."

너는 일깨워 남은 바 죽게 된 것을 굳건하게 하라.
하나님 앞에서 너의 온전함을 보이라.
사데 교회에 의의 옷을 더럽히지 아니한 자가
몇몇 있으니 그는 흰옷을 입고 나와 함께 다니리니 그들은 내 마음에 합한 자들이기 때문이라.
끝까지 이기는 자는 흰옷을 입을 것이요
생명책에 이름을 기록하고 내 아버지 앞과
천사들 앞에서 그를 시인하리라.

주께서 강림하실 때에 들림 받는 자가 되자.
예수 안에서 자는 자(죽은 자)들이 먼저 부활하여
영광 가운데 이끌려 올라가고 그때까지
살아남은 자들은 주님의 거룩한 몸의 형체와 같이
변화시켜 영광 가운데 공중으로 이끌려 올라가서
어린양의 혼인잔치에 참여하게 되리라.

살전 4:15~18, "우리가 주의 말씀으로 너희에게 이것을 말하노니 주께서 강림하실 때까지 우리 살아남아 있는 자도 자는 자보다 결코 앞서지 못하리라 주께서 호령과 천사장의 소리와 하나님의 나팔 소리로 친히 하늘로부터 강림하시리니 그리스도 안에서 죽은 자들이 먼저 일어나고 그 후에 우리 살아남은 자들도 그들과 함께 구름 속으로 끌어올려 공중에서 주를 영접하게 하시리니 그리하여 우리가 항상 주와 함께 있으리라 그러므로 이러한 말로 서로 위로하라."

끝까지 견디는 자가 구원을 받음

마 24:13, "그러나 끝까지 견디는 자가 구원을 얻으리라."

주의 은총을 크게 받은 자여!
우리 모두 이 험하고 악한 시대에 공중권세 잡은 사탄, 마귀와
불의하고 불법한 세상 권세자들과 교회를 핍박하는 자들과
선한 영적 싸움에서 말씀과 기도와 찬송과 성령의 능력으로 승리하여
모든 시험을 이기고,
끝까지 남은 자들이 되어
주님의 혼인잔치 날에 주님의 순결한 신부로서
영광 가운데 함께 찬송하며 감격 속에 기쁨으로 참예하자.

십자가의 도

고전 1:18,
십자가의 도가 멸망하는 자들에게는 미련한 것이요 구원을 얻는 우리에게는 하나님의 능력이라.

하나님의 어리석음이 사람보다 지혜롭고
하나님의 약하심이 사람보다 강하니라.(고전 1:25)
사도 바울은 십자가를 미련하게 생각하는
두 부류의 사람들이 있다고 말합니다.
고전 1:23, "우리는 십자가에 못 박힌 그리스도를 전하니 유대인에게는 거리끼는 것이요 이방인에게는 미련한 것이로되."

유대인들에게 십자가는 '거리끼는' 것이었습니다.
유대인들이 고대하던 메시아는 자기들의 나라를 구하고
이스라엘을 회복할 영광스런 왕이었기 때문입니다.
그런데 예수는 어떠했습니까?
나라를 구원하기는커녕 범죄자 취급을 당하며 무기력하게
십자가에 못 박혔습니다. 그래서 유대인들은
예수를 꺼림직하게 여겼습니다.

반면에, 헬라인들에게 십자가는 '미련한 것'이었습니다.

당시에, 이방인을 대표하는 헬라인들과 로마인들은
십자가형을 가장 비참한 죄인들이나
받는 것으로 인식했기 때문입니다.
그래서 헬라인에게 십자가는 이상적으로
납득할 수 없는 '미련한 것'이었습니다.
하지만 십자가는 부끄럽거나 거리끼거나 미련한 것이 아닙니다.
진정 십자가가 무엇인지 안다면 그럴 수 없습니다.
십자가의 도는 구원을 받는 우리에게는 하나님의 능력입니다.
십자가가 무엇인지 바로 깨닫고 그 은혜 안에 거할 때,
주님은 우리의 생명을 살리시고
우리를 기억하실 줄 믿습니다.

복되고 기쁜 날, 나의 일상은 십자가를
부끄러워하지 않는 참된 믿음의 삶을 살아가기를
간절히 소망합니다. 하나님! 나를 위해 생명을
내어 놓으신 예수님으로 인해 주님의
십자가만 바라보고 감격하게 하시고
감사하게 하시옵소서.
십자가에 담긴 구원의 능력을
올바로 깨닫는 자가 되게 하옵소서.

십자가는 기독교 신앙의 핵심이자
가장 상징적인 요소 중 하나입니다.

단순한 형상을 넘어, 인류 구원에 대한 깊은 의미와
하나님의 사랑, 희생, 승리의 메시지를 담고 있습니다.

희생과 대속

십자가는 예수 그리스도의 희생을 상징합니다.
인류의 죄를 대속하기 위해 예수님께서
십자가에 못 박혀 돌아가셨다는 것은
기독교 신앙의 가장 기본적인 교리입니다.
죄 없는 분이 죄인을 위해 대신 죽으심으로,
인간은 죄로부터 해방되고
하나님과의 관계를 회복할 수 있는 길을 얻게 되었습니다.
이는 대속적인 죽음으로,
죄의 삯은 사망이라는 성경의 말씀(롬 6:23)을
예수님의 희생으로 깨뜨린 것입니다.

하나님의 사랑

십자가는 하나님의 무한한 사랑을 보여줍니다.
요 3:16, "하나님이 세상을 이처럼 사랑하사 독생자를 주셨으니 이는 그를 믿는 자마다 멸망하지 않고 영생을 얻게 하려 하심이라."

하나님께서는 죄로 인해 죽을 수밖에 없는
인간을 너무나 사랑하셔서,

가장 귀한 독생자를 내어주시는
극단적인 사랑을 보여주셨습니다.
십자가는 이 사랑의 가장 분명한 증거입니다.
죄와 죽음에 대한 승리

십자가는 예수님의 죽음뿐만 아니라
부활을 통한 승리를 의미합니다.
예수님께서는 십자가에서 죽으셨지만,
삼일 만에 부활하심으로
죄와 죽음의 권세를 깨뜨리셨습니다.
이는 기독교 신앙의 가장 큰 소망이며,
예수님을 믿는 자들에게도
영원한 생명과 부활의 소망을 줍니다.
십자가는 더 이상 저주의 상징이 아니라,
생명과 소망의 상징이 된 것입니다.

자기 부인과 따름

십자가는 그리스도인들이 살아가야 할 삶의 자세를 제시합니다.
마 16:24, "십자가를 지고 나를 따를 것이니라."

이는 자기 희생과 순종 그리고
예수님의 가르침을 따르는 삶을 의미합니다.
십자가는 단순히 바라보는 대상이 아니라,

그리스도인의 삶의 방향을 제시하는
이정표이기도 합니다.

십자가는 예수 그리스도의 희생과 대속,
하나님의 무조건적인 사랑,
죄와 죽음에 대한 승리,
그리고 그리스도인의 삶의 본보기를
담고 있는 매우 깊고 다층적인
의미를 지니고 있습니다.

십자가를 부끄러워하는 자가 아니라,
자랑하고 증거하는 자가 되게 하옵소서.
예수 그리스도의 이름으로 기도 합니다. 아멘.

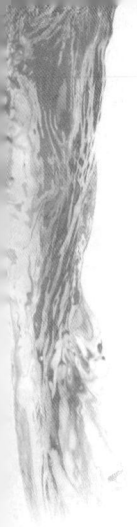

나는 주님의 것이라

고전 6:20,
값으로 산 것이 되었으니 그런즉 너희 몸으로 하나님께 영광을 돌리라.

하이델베르크 요리문답은 1563년,
독일 팔츠 지방의 하이델베르크에서
루터교와 칼뱅주의의 통합적인 신앙 교육을 위해
작성된 개혁주의 신앙고백서입니다.
129개의 문답으로 이루어져 있으며, 인간의 죄와 비참함, 구원,
그리고 감사에 대한 내용을 담고 있습니다.

하이델베르크 문답 1문 = 개혁파 칼빈계의 채택문

1문: 사나 죽으나 우리의 유일한 위로는 무엇입니까?
답 = 우리는 우리 자신에게 속한 것이 아니며
　　 육체와 영혼과 삶과 죽음 모두 하나님과
　　 우리 구주 예수 그리스도께 속한 것이라는 사실입니다.
　　 "나는 나의 것이 아니고 몸과 영혼이 나의 신실하신
　　 구주 예수 그리스도의 것입니다
　　 구주 예수 그리스도께서는 보배로운 피로 나의 모든

죄의 값을 치러 주셨고 마귀의 모든 권세로부터
나를 자유하게 하셨습니다.
또한 나의 하늘 아버지의 뜻이 아니고는
나의 머리털 하나라도 상함이 없게 하시는
그런 방식으로 주는 나를 지켜주십니다.
실로 이 모든 것이 나의 구원을 위하여
함께 일하게 하십니다. 따라서 성령으로 말미암아
주께서 또한 나로 진심으로 자원하게 하시고 이제부터
주를 위하여 살게 하십니다."

우리는 하나님과 그리스도께 속한 자라

요 17:14, "내가 아버지의 말씀을 그들에게 주었사오매 세상이 그들을 미워하였사오니 이는 내가 세상에 속하지 아니함같이 그들도 세상에 속하지 아니함으로 인함이니이다."

요 17:16, "내가 세상에 속하지 아니함 같이, 그들도 세상에 속하지 아니하였사옵나이다."

우리의 삶의 목적

롬 14:7~8, "우리 중에 누구든지 자기를 위하여 사는 자가 없고 자기를 위하여, 죽는 자도 없도다 우리가 살아도 주를 위해 살고 죽어도 주를 위해 죽나니 그러므로 사나 죽으나. 우리가 주의 것이로다."

나의 삶의 목적은 살든지 죽든 지, 내 몸에서 그리스도가 존귀하게 되게 하게 함이라.

빌 1:20~23, "나의 간절한 기대와 소망을 따라 아무 일에든지 부끄러워하지 아니하고 지금도 전과 같이, 온전히 담대하여 살든지 죽든지 내 몸에서 그리스도가 존귀하게 되게 하려 하나니 이는 내게 사는 것이, 그리스도니, 죽는 것도 유익함이라 오직 너희는 그리스도의 복음에 합당하게 생활하라."

그리스도를 위하여 고난도 받는 삶을 살리라.
빌 1:29, "그리스도를 위하여 너희에게 은혜를 주신 것은 다만 그를 믿을 뿐 아니라 또한 그를 위하여 고난도 받게 하려 하심이라."

오, 주여! 나는 주의 것이옵니다.
오늘 이 하루도 주의 선한 일에 예비된 자로, 사나 죽으나 나의 삶 속에서, 오직 예수 그리스도만 존귀하게 나타나기를 위하여 귀하게 쓰임 받는 삶이 되기를, 간절히 소원하옵나이다. 아멘.

술, 담배, 음행

고전 10:31, 그런즉 너희가 먹든지 마시든지 무엇을 하든지 다 하나님의 영광을 위하여 하라.

술과 담배와 음행을 하지 말아야 할 이유?

지금 이 시대는 많은 그리스도인들 중에
술과 담배와 여자 문제로 영이 심히 혼탁하고
어두워져 있는 시대이다. 하나님의 사람이
이런 것들을 철저히 멀리해야 할 이유가 있습니다.

1. 우리의 몸은 주님의 것이요 성령의 전

고전 6:19~20, "너희 몸은 너희가 하나님께로부터 받은바 너희 가운데 계신 성령의 전인 줄 알지 못하느냐 너희는 너희 것이 아니라 값으로 산 것이 되었으니 그런즉 너희 몸으로 하나님께 영광을 돌리라."

하나님의 성전인 우리.
고전 3:16~17, "너희는 너희가 하나님의 성전인 것과 하나님의 성령이 너희 안에 계시는 것을 알지 못하느냐 누구든지 하나님의 성전을 더럽히면 하나님이 그 사람을 멸하시리라 하나님의 성전은 거룩하니 너희도 그러하니라."

2. 거룩한 예배자로 살아야 하므로

롬 12:1, "그러므로 형제들아 내가 하나님의 모든 자비하심으로 너희를 권하노니 너희 몸을 하나님이 기뻐하시는 거룩한 산 제사를 드리라 이는 너희가 드릴 영적 예배니라."

3. 빛의 자녀로 살기 위함이라

엡 4:8~9, "너희가 전에는 어두움이더니 이제는 주 안에서 빛이라 빛의 자녀들처럼 행하라 빛의 열매는 모든 착함과 의로움과 진실함에 있느니라."

4. 모든 것을 하나님의 영광을 위하여 살아야

고전 10:31, "그런즉 너희가 먹든지 마시든지 무엇을 하든지 다 하나님의 영광을 위하여 하라."

5. 주의 구원의 날까지 거룩하고 정결한 몸을 가져야

살전 5:23, "평강의 하나님이 친히 너희로 온전히 거룩하게 하시고 또 너희 온 영과 혼과 몸이 우리 주 예수 그리스도 강림하실 때에 흠 없게 보전되기를 원하노라."

술에 대한 성경구절들

엡 5:18, "술 취하지 말라 이는 방탕한 것이니 오직 성령의 충만을 받으라."

잠 23:29~35, "재앙이 뉘게 있느뇨 근심이 뉘게 있느뇨 분쟁이 뉘게 있느뇨 원망이 뉘게 있느뇨 까닭 없는 창상이 뉘게 있느뇨 붉은 눈이 뉘게 있느뇨 술에 잠긴 자에게 있고 혼합한 술을 구하러 다니는 자에게 있느니라 포도주는 붉고 잔에서 번쩍이며 순하게 내려가나니 [너는 그것을 보지도 말지어다] 이것이 마침내 뱀 같이 물 것이요 독사 같이 쏠 것이며 또 네 눈에는 괴이한 것이 보일 것이요 네가 스스로 말하기를 사람이 나를 때려도 나는 아프지 아니하고 나를 상하게 하여도 내게 감각이 없도다 내가 언제나 깰까 다시 술을 찾겠다 하리라."

눅 21:34, "너희는 스스로 조심하라 그렇지 않으면 방탕함과 술취함과 생활의 염려로 마음이 둔하여지고 뜻밖에 그 날이 덫과 같이 너희에게 임하리라."

롬13:13~14, "낮에와 같이 단정히 행하고 방탕과 술 취하지 말며 음란과 호색하지 말며 쟁투와 시기하지 말고 오직 주 예수 그리스도로 옷 입고 정욕을 위하여 육신의 일을 도모하지 말라."

고전 6:10, "도적이나 탐람하는 자나 술 취하는 자나 후욕하는 자나 토색하는 자들은 하나님의 나라를 유업으로 받지 못하리라."

갈 5:21, "투기와 술 취함과 방탕함과 또 그와 같은 것들이라 전에 너희에게 경계한 것 같이 경계하노니 [이런 일을 하는 자들은 하나님의 나라를 유업으로 받지 못할 것이요]."

벧전 4:3, "너희가 음란과 정욕과 술취함과 방탕과 연락과 무법한 우상 숭배를 하여 이방인의 뜻을 좇아 행한 것이 지나간 때가 족하도다."

술과 담배가 인간에게 주는 해악과 질병

생명의 하나님과의 거룩한 관계를 파괴하며
인간의 거룩성과 선함과 성결함을 저해하며
정상적인 정신을 혼미하게 하여 기억을 잃어버리게 하고
상황을 바르게 판단할 수 없게 하고
난폭하고 충동적인 마음을 갖게 하여
폭력적인 인간이 되게 하고
바른길을 찾아 걷지 못하게 하고
정과 욕심에 사로잡혀 멸망 길로 가게 합니다.
악한 자들과 타협하고 악을 도모하게 합니다.

부정한 청탁을 받아 죄의 함정에 빠지게 합니다.
각가지 질병을 유발하게 합니다.

알콜 중독, 위궤양, 위암, 대장암, 간암, 폐암, 췌장암,
고혈압, 당뇨, 심근경색증, 심장판막증, 심장마비,
신경마비, 뇌졸증, 호흡질환, 간경화,
정신분열증, 우울증, 불면증, 의욕상실증,
취중 운전으로 사고 및 사망에 이르게 합니다.
수많은 질병과 어려운 상황을 유발하여
고귀한 생명을 단축하여 빼앗는 결과를 초래합니다.
(이 모든 것이 약한 사탄 마귀의 계략이다)

그러므로 하나님의 사람아, 술친구들과 사귀지 말고 포도주도 보지도 말고 이것들을 피하고 성령 충만함을 입으라. 의와 거룩함으로 영생을 취하라.(딤전 6:11~12)

사랑하는 성도들이여! 하나님께서,
"내가 거룩하니 너희도 거룩하라."고 하셨습니다.
주님의 순결한 신부로서 정절과 성결과 거룩함과
깨끗함으로 단장하라!

나를 본받으라

고전 11:1.
내가 그리스도를 본받는 자가 된 것 같이 너희는 나를 본받는 자가 되라.

위대한 인물 뒤에는 대부분 훌륭한 스승이나
멘토가 있습니다.
헬렌 켈러 뒤에는 앤 슬리번이라는
위대한 스승의 가르침이 있었습니다.
예수님을 믿는 그리스도인인 우리는 예수님만이
우리의 완전한 스승이라는 사실을 깨닫고
예수님이 사역하셨던 모습을 보면서 그 분의
성품을 배워야 합니다.

예수님은 하나님의 아들로 성부 하나님과 동등하신
성자 하나님이십니다.
그런데 이 땅에 신성과 인성을 입고 친히 오셨습니다.
그래서 우리에게 완벽한 참 하나님인 동시에
참 인간의 모습을 보여주셨습니다.
예수님은 하나님으로서 당연한 권리와
특권을 누릴 수 있었지만 그 모든 것을

내려놓고 이 땅에 오셨습니다. 그리고
우리를 구원하셨습니다.
그렇다면 예수님께 무엇을 배워야 할까요?

1. 예수님의 인내를 배워야 합니다.
하나님의 아들로서 이 땅에 오셨지만
아무도 그를 알아주지 않았습니다.
그렇게 30년 인내하다가 공생애를 시작하셨습니다.

2. 예수님의 겸손을 배워야 합니다.
그는 겸손의 왕이십니다.
예수님이 이 땅에 오시기도 전에,
스가랴 선지자는 "겸손하여 나귀를 타고 예루살렘 성에 입성할 것"을 예언
하셨습니다.
은혜를 받는 일. 축복을 받는 일. 은사를 받는 일도 중요하지만
받은 은혜를 유지하는 비결은
무엇보다 겸손히 섬기는 일입니다.
처음 사랑을 잊어버려서 책망을 받은 에베소 교회.
처음 은혜를 망각했던 사울 왕의 말로를 보면서
오래 은혜를 유지하는 비밀은
첫째도 겸손, 둘째도 겸손, 셋째도 오직 겸손입니다.
마11:29, "나는 마음이 온유하고 겸손하니 나의 멍에를 메고 내게 배우라 그러면 너희 마음이 쉼을 얻으리니"

3. 예수님의 용서를 배워야 합니다.

예수님이 보여주신 위대한 능력이 바로 용서입니다.

이 용서 때문에 오늘, 우리가 살아가고 있습니다.

고후 2:7, 10, "그런즉 너희는 차라리 저를 용서하고 위로할 것이니 저가 너무 많은 근심에 잠길까 두려워하노라 … 너희가 무슨 일이든지 뉘게 용서하면 나도 그리하고 내가 만일 용서한 일이 있으면 용서한 그것은 너희를 위하여 그리스도 앞에서 한 것이니."

- 우리가 우리의 죄를 사하여 준 것 같이
  우리 죄를 사하여 주옵소서.
  우리가 형제의 죄를 용서하지 못하면
  나도 주님의 용서를 기대하기 어렵습니다.

4. 예수님의 영혼 구원에 대한 열정을 배워야 합니다.

주님은 이 땅에 영혼을 구원하기 위해 오셨습니다.

그래서 그 사역에 모든 힘을 쏟으셨습니다.

예수님만이 우리의 완전하고 영원하신

참다운 스승입니다. 복되고 기쁜 날 예수님의

인내, 겸손, 용서, 열정을 배워서 예수님의

진정한 제자가 되기를 간절히 소망합니다.

세상 근심

고후 7:10,
하나님의 뜻대로 하는 근심은 후회할 것이 없는 구원에 이르게 하는 회개를 이루는 것이요 세상 근심은 사망을 이루는 것이니라.

환난과 고난이 억압하고 환난과 분쟁이 기승하고
생활과 삶이 위협을 받고
고통과 괴로움과 슬픔이 몸과 마음을 찌르고
걱정과 염려가 쌓이고
근심과 두려움이 엄습한 불안전한 세상에 사는 우리,
그러나 날 사랑하신 예수님은 너는 아무것도
근심하지 말고 두려워하지도 말라 하십니다.

주님이 주신 구원의 큰 은혜,
주님이 주신 부활의 소망,
주님이 주신 하늘나라의 영광,
주님이 주실 우리의 처소,
주님이 주신 영원한 참 기쁨,
주님이 주신 참 평안,
주님과 함께 누릴 영생,

그대는 지금 이 모든 복과 평안을
마음 깊이 감사하며, 찬송하므로
기뻐하며 주 안에서 누리며 살고 있습니까?

주님께서 나와 맺은 약속은 변함없는 약속

요 14:1~3, "너희는 마음에 근심하지 말라 하나님을 믿으니 또 나를 믿으라 내 아버지 집에는 거할 곳이 많도다 내가 너희를 위하여 거처를 예비하러 가노니 가서 거처를 예비하면 내가 다시 와서 너희를 내게로 영접하여 나 있는 곳에 너희도 있게 하리라."

- 반드시 내가 너를 구원하리라.
마 28:2, "세상 끝 날까지 항상 내가 너와 함께 있으리라."

이 영원히 변치 않은 주님의 약속을 굳게 믿고
오늘도 천성을 향하여 주님을 푯대 삼고
하루하루 버겁고 힘들고 지치고 고달픈 삶이더라도
선한 싸움을 잘 싸워 승리하며
주께서 날 위해 지신 십자가의 고통을 생각하며
내 몫에 매인 십자가를 지고
더 높은 빛난 곳을 향하여 쓰러지고 넘어져도
새 힘을 얻어 다시 일어나
믿음의 길을 생명의 길을 힘차게 달려가리라.

감사하라 내 영혼아! 찬양하라 내 영혼아!

기뻐하라 내 영혼아! 늘 승리하라 내 영혼아!
- 여호와 닛시(승리)!
주 안에 있는 나에게 딴 근심 있으랴
십자가 밑에 나아가 내 짐을 풀었네 할렐루야 할렐루야
내 앞길 멀고 험해도 나 주님만 따라가리.

주와 함께 동행하는 하루하루 나의 삶에
은혜와 평안과 소망과 영광의 빛을 비추시리라.
우리는 가야 할 영광스러운 나라.
새 하늘과 새 땅, 새 예루살렘성이 준비되어 있도다.

우리는 지금도 날 기다리시는 하나님 아버지와
만왕의 왕 만주의 주 구원의 주 예수 그리스도께서
하나님 보좌 우편에 계시며
우리의 믿음이 떨어지지 않도록 항상 기도하시며
승리한 자로 영광중에 주의 나라에 이르기를 바라며
우리를 기다리고 계시도다.
부활이요 생명이신 예수,
우리는 죽어도 다시 살고, 살아서 주님을 맞이할 자는
주님의 거룩한 몸처럼 변화되어 영광에 이르리라

요 11:25~27, "예수께서 이르시되 나는 부활이요 생명이니 나를 믿는 자는 죽어도 살겠고 무릇 살아서 나를 믿는 자는 영원히 죽지 아니하리니 이것을 네가 믿느냐 이르되 주여 그러하외다 주는 그리스도시요 세상에 오시는 하나님의 아들이신 줄 내가 믿나이다."

우리는 하늘나라 시민권을 받은 자라

빌 3:20~21, "그러나 우리의 시민권은 하늘에 있는지라 거기로부터 구원하는 자 곧 주 예수 그리스도를 기다리노니 그는 만물을 자기에게 복종하게 하실 수 있는 자의 역사로 우리의 낮은 몸을 자기 영광의 몸의 형체와 같이 변하게 하시리라."

- 그러므로 너희는 마음에 근심하지 말라.

빌 4:6~7, "아무것도 염려하지 말고 다만 모든 일에 기도와 간구로, 너희 구할 것을 감사함으로 하나님께 아뢰라 그리하면 모든 지각에 뛰어난 하나님의 평강이 그리스도 예수 안에서 너희 마음과 생각을 지키시리라."

주님께서 주신, 세상이 줄 수 없는 참 평안을 얻어 누리라

요 14:27, "평안을 너희에게 끼치노니 곧 나의 평안을 너희에게 주노라 내가 너희에게 주는 것은 세상이 주는 것과 같지 아니하니라 너희는 마음에 근심하지도 말고 두려워하지도 말라."

주의 은혜를 크게 입은 사랑하는 형제, 자매들이여!
악한 세상 권세자들의 위협과 핍박 속에서도
날마다 성령의 능력으로 힘써 싸워 승리하며 살리라.

마 24:13, "끝까지 견디는 자가 구원을 얻으리라."

신령한 복

엡 1:3,
찬송하리로다 하나님 곧 우리 주 예수 그리스도의 아버지께서 그리스도 안에서 하늘에 속한 모든 신령한 복으로 우리에게 복 주시되.

인간은 하나님을 영화롭게 하며 그 이름을 찬양하도록 창조된 하나님의 특별한 은총을 받았으니 마땅히 예수 그리스도의 이름을 찬양해야 합니다.
계 5:12, "죽임을 당하신 어린양이 능력과 부와 지혜와 힘과 존귀와 영광과 찬송을 받으시기에 합당하도다."

1. 예수님의 창조의 능력
창 1:1, "하나님이 천지를 창조하시니라."

온 우주 만물을 창조하신 능력,
해와 달과 뭇별들을 말씀으로 창조하시고
우주 공간에 질서 있게 운행하게 하신 능력,
하늘과 땅과 바다와 그 가운데 만물을 창조하시고
다스리며 섭리하시는 능력,

2. 영계를 다스리시는 예수님의 권세

천군 천사를 부리시는 권세,

사탄 마귀 귀신들을 지옥불 못에 던져 멸하시는 권세,

사망권세를 깨뜨리는 권세,

바람과 풍랑을 잔잔하게 하는 권세,

생명의 빛으로 어두움을 물리치는 권세

3. 인간을 다스리시는 예수님의 권세

모든 인간의 생사화복을 주관하시는 권세,

택한 자를 구원하시는 권세,

인간들의 죄를 사하시는 권세,

인간들의 각색 질병을 고치시는 권세,

가난한 자를 부요하게 하는 권세

죽은 자를 살리시는 권세,

각 나라의 역사와 정세를 주관하신 권세,

모든 일을 자기의 뜻대로 이루시는 권세,

하나님의 자녀들에게 영생을 주시는 권세,

자녀들에게 천국을 기업으로 주시는 권세,

자녀들에게 하늘나라의 시민권을 주시는 권세,

각 사람의 마음과 생각을 통찰하시는 권세

사람의 몸과 영혼을 회복시키시는 권세,

자녀들의 기도를 이루어 주시는 권세,

성도들의 몸을 자기의 거룩한 몸의 형체와 같이

변하게 하신 권세,

반드시 재림하시어 모든 인간을 선악 간에

행위대로 심판하시는 권세,
악한 자를 심판하여 지옥 불 못에 던지실 권세
자기 자녀들을 영광의 나라로 이끌어 올리실 권세,

창조주 되시며, 구원자 되시며, 심판자 되시며,
평화의 왕이신 예수님을 날마다 마음에 모시고 살며
주의 기뻐하신 뜻을 함께 이루며
하늘나라에 대한 참 소망 가운데
영광의 날을 사모하며, 준비하여 기다리며,
우리의 간절한 기도에 응답하실 전지 전능자이심을 믿고
몸과 마음과 정성을 다하여 하나님께 경배하며
구원의 은혜에 감격하여 감사와 찬양을 드리세.

주께서 가장 기뻐하실 나를 통하여 구원하실
영혼들을 주께로 인도하며 주의 영광을 위하여
존귀하게 쓰임 받는 자로 충성하며 값지고
의미 있는 아름다운 삶을 드리며
끝까지 참고 견디어 선한 싸움의 승리자로
영광중에 세움 받기를 우리 다 함께 힘쓰세.

나의 찬송 중에 거하시는 주! 기쁨과 감격 속에
찬양을 부르자 찬양하는 자는
능력의 주, 치료의 주, 기적의 주님을 만나게 되리라.

소원을 품으라

빌 2:13,
너희 안에서 행하시는 이는 하나님이시니 자기의 기쁘신 뜻을 위하여 너희로 소원을 두고 행하게 하시나니.

- 소원을 두고 행하시는 하나님의 세밀한 음성을 듣는 영적인 귀

하나님께서 우리의 소원을 두고 행하신다는 것은
우리가 품은 바람과 간구를 통해서 하나님의 뜻이 이루어지고,
그 과정에서 하나님의 인도하심을 경험하게 된다는 의미입니다.
이러한 하나님의 세밀한 음성을 듣는 영적인 귀는
단순히 육체적인 귀를 넘어선
영적인 분별력과 민감성을 뜻합니다.
그렇다면 영적인 귀는 어떻게 세밀한 하나님의 음성을
들을 수 있을까요?
시 37:4, "또 여호와를 기뻐하라 저가 네 마음의 소원을 이루어 주시리로다."

1. 성경 말씀에 대한 깊은 묵상과 이해

하나님은 성경 말씀을 통해 자신을 계시하시고, 그분의 뜻을 분명히 드러내십니다. 성경을 단순히 읽는 것을 넘어 깊이 묵상하고, 그 안에

담긴 하나님의 마음을 이해하려고 노력할 때, 우리는 영적인 귀가 열리게 됩니다. 우리가 품은 소원이 과연 하나님의 뜻과 일치하는지, 성경적 원리에 부합하는지를 분별할 수 있게 되는 것이죠.

2. 기도를 통한 친밀한 교제

기도는 하나님과의 대화이자 교제의 시간입니다. 우리의 소원을 아뢰는 것뿐만 아니라, 하나님의 음성에 귀 기울이고 응답을 기다리는 태도가 중요합니다. 간절한 마음으로 기도하며 하나님의 인도하심을 구할 때, 우리의 영적인 귀는 더욱 민감해지며, 하나님께서 우리의 소원을 통해 어떤 계획을 가지고 계신지 미세한 음성으로 깨닫게 됩니다.

3. 성령님의 인도하심에 대한 민감성

성경은 성령님께서 우리를 진리 가운데로 인도하시고, 하나님의 깊은 것을 통달하게 하신다고 말씀합니다.(고전 2:10) 우리의 영적인 귀가 세밀한 음성을 들으려면 성령님의 임재와 인도하심에 민감해야 합니다. 마음속에 떠오르는 평안, 확신, 때로는 불편함이나 망설임 같은 내적인 감각들을 통해 성령님께서 우리에게 말씀하시는 것을 분별할 수 있어야 합니다.

4. 영적인 분별력을 통한 시험

하나님의 음성이라고 생각되는 것이 있다면 그 안에서 하나님의 뜻을 헤아리고 그분의 섭리 가운데 사는 지혜로운 사람과 더불어 함께 지어져가는 사람들입니다.

시 103;5, "좋은 것으로 네 소원을 만족케 하사 네 청춘으로 독수리 같이 새롭게 하시는도다."

거룩한 하나님의 자녀에게는
특별한 분별력 은사가 필요합니다.
우리 주변에는 속이고, 죽이고, 멸망시키려는
악의 정사와 권세와 어둠의 세력들이 먹잇감을 찾아
두루 다니며 삼킬 자를 찾고 있습니다.
시험에 들지 않게 깨어 기도하며, 실족하지 말고
두려워하지도 말라 하셨습니다.

시 145:19, "저는 자기를 경외하는 자의 소원을 이루시며 또 저희 부르짖음을 들으사 구원하시리로다."

내가 존재하는 이유는

골 1:16,
만물이 그에게 창조되되 하늘과 땅에서 보이는 것들과 보이지 않는 것들과 혹은 보좌들이나 주관들이나 정사들이나 권세들이나 만물이 다 그로 말미암고 그를 위하여 창조되었고.

1. 때마다 일천 번 감사

살전 5:16~18, "항상 기뻐하라 쉬지 말고 기도하라 범사에 감사하라 이것이 그리스도 예수 안에서 너희를 향하신 하나님의 뜻이니라."

우리의 삶 속에서 감사해야 할 것들이 참 많습니다.
잠에서 깨어 일어난 즉시, 지금 살아있다는 사실에 감사하고,
아침에 눈을 떴다는 사실에 감사하고.
간밤에도 평안히 잠잘 수 있었음을 감사하고.
편안하게 호흡할 수 있는 것에 감사하고.

내 의지대로 마음껏 걸으며 행동할 수 있음에 감사하고,
내 손으로 여러 가지 일을 할 수 있음에 감사하고
입으로 모든 먹을 것을 먹을 수 있고
말을 할 수 있음에 감사하고,

오장육부가 건강하여 신진대사가 이루어짐을 감사하고,
사랑하는 사람들과 정겨운 이야기를
나눌 수 있음을 감사하고,
아름다운 자연과 모든 것을 볼 수 있음을 감사하고,
모든 소리와 말을 들을 수 있음을 감사하고,
일할 수 있는 일터와 사업과 직장이 있음을 감사하고,
아직은 남과 나눌 것이 있다는 것에 감사하고,
나에게 따뜻한 친구가 있다는 것에 감사하고,
따뜻한 가정과 화목한 가족이 있음을 감사하고,
고마운 사람. 좋은 사람.
나를 아는 모든 사람들이 내 곁에 있음을 감사합니다.

2. 무엇보다도 더욱 감사할 것은

= 하나님께서 나를 택하시어 세상에 보내
  복음을 전하는 일군으로 사용해 주셨음을 감사하고,
= 예수님께서 보혈로 나를 속죄하시고 죄와 사망에서
  구원하셨음을 알게 됨을 감사하고,
  예수님께서 보혈을 내게 수혈하여 주사 예수님의 생명체와 같아
  하나님의 자녀가 되었음을 감사하며
= 성령님께서 내 안에 계셔서 지혜와 계시의
  정신을 부어 주시어 마음의 눈을 밝게 열어 주심으로
  하나님께서 나를 자녀로 택하신 우리 아버지가 되심을

알게 하심을 감사하고,
예수님께서 나를 위하여 거룩한 몸과 피 생명 전체를
다 온전히 주셨음으로 나의 구세주가 되심을
알게 하심 감사하고,
성령의 역사하심으로 내가 죄인임을 알게 하시고
날마다 죄를 회개하게 하심을 감사하고,

내가 천국 시민권을 받은 천국백성이 되었음을
알게 하심을 감사하며,
영적 예배드릴 수 있는 거룩한 성전을 주셨음을 감사하며,
마음껏 기쁨으로 찬송하며 기도하며 자유롭게
믿음 생활을 할 수 있음을 감사하며,
주의 은혜와 사랑 안에서 형제와 자매를 섬기며
하나님의 집에서 충성할 수 있음을 감사하고,
나에게 육적인 가족과 영적인 가족을 주셨음을 알고
서로 사랑할 수 있음에 감사하고,
영광스러운 천국을 기업으로 주시고
천국에서 하나님과 예수님과 함께 그리스도의 거룩한 몸처럼
변화되어 영원히 영생할 것을 알고 믿게 하심 감사하고,
보배로운 믿음과 은사들을 선물로 주셨음을 감사하고,
지금까지 생명을 주시고 영광스러운 나라에 대하여
소망을 주시고 날마다 순간마다 나의 삶을 인도하시고
영육 간에 건강으로 지켜주심을 감사합니다.

예수님은 자기의 생명을 나를 위해 기꺼이 십자가에
죽어 주셨으며 세상 끝날까지 나와 함께 계시며
항상 보호하시고 영원한 천국을 나의 기업으로 주신
나의 구세주이십니다. 나는 날마다 순간마다
오직 영광스럽고 거룩하신 주님께 감사, 감사, 감사함을
평생토록 드릴뿐이라.

우리에게 지나간 삶 속에서 어려웠을 때에도
기쁘고 행복한 때에도 감사할 것이 얼마나 많은지
노트에다가 하나하나 적어 보라.
감사하지 않을 것이 어디에 있겠는가?
헤아릴 수 없는 감사 이 모든 것들이 하나님께서 내게 주신 은혜요
특별한 선물이라.

범사에 감사하는 사람에게 더 크고 놀라운
감사의 조건을 주신 우리 주 예수 그리스도시라.
내 모습 이대로 주님께 드리오니 연약한 나를 받아 주옵소서.
그러므로 환난 날에도 감사할 것을 결단합니다.
시 50:15, "환난 날에 나를 부르라 내가 너를 건지리니 네가 나를 영화롭게 하리로다."

3. 고난을 당할 때 더욱 감사

시 119:71, "고난 당한 것이 내게 유익이라 이로 말미암아 내가 주의 율례들을

배우게 되었나이다."

고난 당하므로 눈물로 회개할 기회를 주셔서
주께서 나를 용서하시고 새롭게 하심을 감사하자.

1) 내 너를 위하여 몸 버려 피 흘려 네 죄를 속하여
　 살길을 주었다 널 위해 몸을 주건만 너 무엇 주느냐
　 널 위해 몸을 주건만 널 무엇 주느냐

2) 아버지 보좌와 그 영광 떠나서 밤 같은 세상에
　 만백성 구하려 내 몸을 희생했건만 너 무엇하느냐
　 내 몸을 희생했건만 너 무엇하느냐

3) 죄 중에 빠져서 영 죽을 인생을 구하여 주려고
　 나 피를 흘렸다 네 죄를 대속했건만 너 무엇하느냐
　 네 죄를 대속했건만 너 무엇하느냐

4) 한없는 용서와 참사랑 가지고 세상에 내려와
　 값없이 주었다 이것이 귀중하건만 너 무엇 주느냐
　 이것이 귀중하건만 너 무엇 주느냐. 아멘.

너 하나님의 사람아!

딤전 6:11,
오직 너 하나님의 사람아 이것들을 피하고 의와 경건과 믿음과 사랑과 인내와 온유를 좇으며.

주님은 나에게 이렇게 말씀하십니다.
너, 하나님의 사람아! 지금은 자다가 깰 때라.
사탄 마귀가 우는 사자처럼 삼킬 자를 찾는 때라.
지금 네 나라의 운명과 네 민족의 생명이
심히 위경에 처해있도다. 항상 깨어있어
너 자신과 가족과 형제와 나라와 민족을 위해
눈물로 간절히 기도하여라.

하나님의 전신갑주를 입고 진리의 허리띠를 띠고,
의의 흉배를 붙이고 복음의 신발을 신고,
믿음의 방패를 들고 구원의 투구를 쓰고,
말씀의 검, 곧 성령의 검을 들고,
믿음의 선한 싸움을 싸우라.
하나님의 영광스러운 보좌를 푯대 삼아
달려갈 생명의 길을 힘차게 잘 달려가라.

너를 위해 피 흘리신 예수 그리스도의 십자가를 바라보며,
환난과 핍박 중에서도 끝까지 믿음을 지키라.
너는 성령의 분별력을 받아 하나님의 말씀 속에서
진리를 옳게 분별하여 의롭게 살고 가르치며,
부끄러울 것이 없는 충성된 일꾼으로
자신을 하나님께 드리기를 힘쓸지라.
딤후 2:15, "너는 진리의 말씀을 옳게 분별하며 부끄러울 것이 없는 일꾼으로 인정된 자로 자신을 하나님 앞에 드리기를 힘쓰라"

너, 그리스도의 사람아! 육신의 정과 욕심을
십자가에 못 박으라 일만 악의 뿌리가 되는
돈을 사랑하지 말고 의와 경건과 사랑함으로
영생을 취하라. 주와 함께 있음을
감사하며 기뻐하고 현재 있는 바를
항상 족하게 여기라. 너는 불의하고 악하고
더러운 세상에서 의롭고 거룩한 자로 살아라
계 22:11, "불의를 행하는 자는 그대로 불의를 행하고 더러운 자는 그대로 더럽고 의로운 자는 그대로 의를 행하고 거룩한 자는 그대로 거룩하게 하라."
계 22:12, "보라 내가 속히 오리니 내가 줄 상이 내게 있어 각 사람에게 그가 행한 대로 갚아 주리라."
계 22:14, "자기 두루마기를 빠는 자들은 복이 있으니 이는 그들이 생명나무에 나아가며 문들을 통하여 성에 들어갈 권세를 받으려 함이로다."

내가 심판의 권세를 가지고 세상으로 가야 할 때가
이제 심히 가까웠음이라.

의와 불법이 성행하고 악하고 황폐된 시대가
소돔과 고모라를 불로 심판한 이후에 또 언제 있었느냐?
귀 있는 자는 성령이 교회들에게 하신 말씀을
깊이 새겨 귀 기울여 들어야 할 때라
우리 인생은 빈 손으로 왔다가 빈 손으로 가는 나그네라.

너 하나님의 사람아! 세상의 부귀와 명예와 권세에
너무 욕심 부리지 말고 있는 바를 족하게 여기고,
지금의 환경과 조건을 주신 하나님께 감사하며
신실한 믿음으로 성실하게 충성하며,
경건함으로 의롭게 살아갈지라.
부하려 하는 자들은 시험과 올무에 걸리고
불의한 세상 권세자들은 영과 육이 욕심으로 반드시
스스로 파멸과 멸망의 심판을 받게 되리라

약 1:15, "욕심이 잉태한즉 죄를 낳고 죄가 장성한즉 사망을 이루느니라."
롬 6:23, "죄의 삯은 사망이요 하나님의 은사는 그리스도 예수 우리 주 안에 있는 영생이니라."
갈 5:24, "예수 그리스도의 사람들은 육체와 함께 그 정과 욕심을 십자가에 못 박았느니라."

너 하나님의 사람아! 너는 하나님의 말씀에
순종하고 복종하며 먼저 그 나라와 의를 구하며
오직 의와 경건과 믿음과 사랑과 인내와 온유를 따르고
믿음의 선한 싸움에서 승리하며

날마다 삶 속에서 영생을 취하며
거룩한 나라를 향한 영광스러운 소망 가운데
강하고 담대하게 하루하루 순간마다 주만 따라 살아갈지라.

너 하나님의 사람아! 너는 이 시대에
하나님께서 특별히 남겨둔 자임을 알지라.
지금 당신의 귀에 예수 그리스도의 이 음성이 들리는가?
주의 크신 은총을 입은 자여! 네 몫에 매인
십자가를 지고 주님이 가신 골고다 언덕까지
주의 발자취 따라 한 걸음씩 올라가
주님 앞에 승리자로서 영광 가운데 참예할
순결한 신부가 될지라.

성경 속에 지혜

딤후 3:15.
또 네가 어려서부터 성경을 알았나니 성경은 능히 너로 하여금 그리스도 예수 안에 있는 믿음으로 말미암아 구원에 이르는 지혜가 있게 하느니라.

성경은 각종 보화. 보물. 보배. 보석이 가득한 보물 상자입니다.
"성경은 믿음으로 말미암아 구원에 이르는 지혜가 있게 하느니라." (딤후 3:15)
"위로부터 난 지혜는 성결과 화평과, 관용과 양선과 긍휼과 선한 열매가, 가득하고 편견과 거짓이 없나니." (약 3:17)
"지혜가 충만하여 하나님의 은혜가 그의 위에 있더라." (눅 2:40)
"지혜가 제일이니." (잠 4:7)
= 사랑이 제일이라(제일인 것은 사랑과 지혜)
"지혜의 근본이요." (잠 9:10)
"지식의 근본이요." (잠 1:7)
"여호와를 경외하는 것이라." (욥 28:28, 시 111:10)

지혜로운 자는 여호와를 경외하는 것을 배웁니다.
= 악을 미워하는 것(잠 18:3)
= 아끼지 않는 것(창 22:12,16)
= 입술로 원망하지 않는 것(욥)

= 말씀대로 짓는 것(노아, 고넬료)

= 지혜는 생명나무라(잠 3:18)

   1. 지혜를 구하라(약 1:5)

   2. 지혜를 얻으라(잠 4:7)

   3. 지혜를 지키라(잠 4:13)

   4. 지혜로 행하라, 세월을 아끼라(골 4:5, 삼상 18:14)

   5. 지혜를 버리지 말라(잠 4:6)

   6. 지혜자와, 동행하라(잠 13:20)

   7. 지혜의 영으로 충만하라(출 28:3, 신34:9)

지혜를 구하는 주에게 주시는 상

= 오른손에 장수를 주심(잠 3:16)

= 왼손에 부귀를 주심(잠 3:16)

= 그의 길을 평강의 길로(잠 3:17), 바른 길로(잠 23:19) 인도하심

= 칭찬을 받으며(삼상 25:33)

= 심히 귀하게 되며(삼상18:30)

= 다스리게 하시며(왕상 5:7)

= 사람을 얻는 자로 세우심

= 구하지 않는 부와 재물과 영광을 부어주심(대하 1:12)

= 반지를 끼우고 세마포 옷을 입히고 금사슬을 목에 걸고, 버금수레를 태우시어 허락 없이는 수족을 놀릴자가 없게 하여 다스리는 자로 세워주심(창 41:41~44)

= 은혜와 권능을 충만하게 하시어, 큰 기사와, 표적을 행하게 하시며

지혜와 성령으로 말하게 하시어, 능히 당할 자 없게 하여 주심(행 6:8,10).

지혜를 얻는 방법

= 기도: 하나님께 지혜를 간구합니다(약 1:5).
= 말씀 연구: 하나님의 말씀을 읽고 묵상하며 순종합니다. 말씀은 우리를 지혜롭게 합니다(시 119:98-100).
= 경험과 교훈: 삶의 경험과 다른 사람들의 조언(훈계)을 통해 배우고 성장합니다(잠언).
= 하나님 경외: 하나님을 두려워하고 그분을 높이는 태도가 지혜의 시작입니다.

성경 속 지혜는 우리에게 올바른 길을 보여주고, 세상의 유혹과 어리석음으로부터 우리를 보호하며, 궁극적으로 영원한 생명과 복을 누리게 합니다.

롤 모델

히 11:24~26.
믿음으로 모세는 장성하여 바로의 공주의 아들이라 칭함 받기를 거절하고 도리어 하나님의 백성과 함께 고난받기를 잠시 죄악의 낙을 누리는 것보다 더 좋아하고 그리스도를 위하여 받는 수모를 애굽의 모든 보화보다 더 큰 재물로 여겼으니 이는 상 주심을 바라봄이라.

오늘 나는, 성경 속에서 이런 '하나님의 사람'
이런 '믿음의 사람'을 만나게 되었습니다.
이 사람은 핍박 속에서 고통 받는 노예생활을 하는
이스라엘 민족 중에 레위 사람의 아들로
어렸을 때부터 준수하고 아름다운 아이로
믿음의 명문가정에서 태어났습니다.
그는 갈대상자 속에서 석 달을 숨어서 살았고
애굽의 공주에게 발견되어 바로 궁에서 사십 년 동안에 궁중법도를 배우며 살았습니다.

이 아이의 누이 미리암이 바로의 공주에게
유모를 소개하여 이 아이가 유모(어머니 요게벳)의 젖을 먹으며
하나님의 택한 백성임을 말씀으로 교육받으며
확고한 믿음으로 성장했습니다.

그는 자신의 생애 시간에,
두 번 다시 얻을 수 없는 가장 귀한 자리를
(바로의 공주의 아들의 자리, 장차 애굽의 왕이 될 자리)
그리스도와 자기 백성을 사랑하는 믿음 때문에
과감히 거절한 용기 있는 사람이었습니다.

그 이름, 모세를 만났습니다.
그가 내게 질문을 했습니다.
- 당신도 주와 그리스도를 위하여 부패하고 불의한 이 세상의
  영화와 권력의 자리를 기꺼이 거절할 수 있는가?

오늘날 권세자들 중에 권세를 얻기 위해
교회를 이용하여 얻은 후에 하나님의 뜻을 따라
공평과 정의롭게 살지 않고 세상 권세자의 사상과
뜻을 따라 맹종하며 몇 년의 육신의 만족을 위해
영원한 주의 영광을 저버리는 어리석은 자들이 많음이라.

그뿐만 아니라 모세는 도리어 자기 백성과 함께 고난받기를
잠시 죄악의 낙을 누리는 것보다 더 좋아하였습니다.

그가 또 나에게 물었습니다.
- 그리스도를 위한 고난과 세상의 죄악의 낙 중에 어느 것을 택하겠는
  가?

나의 대답은, "주여! 나로 주님의 십자가를 지고 주님의 길을 따르겠습니다."라고 하였습니다.

더 나아가서 그는 그리스도를 위하여
받는 핍박과 능욕을 애굽의 모든 보화보다
더 큰 재물로 여겼다 했습니다.

그리스도를 위한 나의 믿음의 삶과 물질관은 어떠한가?
그가 이처럼 세상의 명예와 권세도,
세상의 죄악의 낙도, 부요의 삶과 재물도,
기꺼이 다 거절할 수 있는 용기는 어디서 났을까요? 그는 오직 영광스러운 나라에서 하나님께로부터 받을 영광스러운 면류관의 상을 바라보았기 때문이었습니다.

1. 모세의 가장 복된 믿음의 선택

히 11:24~26, "믿음으로 모세는 장성하여 바로의 공주의 아들이라 칭함 받기를 거절하고 도리어 하나님의 백성과 함께 고난받기를 잠시 죄악의 낙을 누리는 것보다 더 좋아하고 그리스도를 위하여 받는 수모를 애굽의 모든 보화보다 더 큰 재물로 여겼으니 이는 상 주심을 바라봄이라."

모세는 하나님의 능력으로
애굽에 열 가지 재앙을 내리게 하였고
홍해를 갈라 육지 같게 하여 그 백성을 구원하였고
애굽사람들을 수장시키는

큰 역사를 이루는 하나님의 사람이 되었습니다.
이런 믿음을 가진 자들을, 주님은 지금도 세계 방방곡곡에서
전도자들과 천사들을 통하여 찾고 계십니다

2. 너 하나님의 사람아!
우리 주 예수 그리스도께서, 영광 중에 나타나실 때까지
돈과 불의한 세상 권력과 세상의 유혹에 빠져
말씀과 믿음에서 떠나 자기의 영육을 찌르는
죄악의 자리에서 벗어나서 의와 경건과 믿음과
사랑과 인내와 온유를 따르고 주 앞에서 흠도
책망받을 것이 없도록 행하며
선한 싸움을 잘 싸워 영생을 취하라.

3. 주님의 사랑과 은총을 크게 받은 자여!
그대도 이 시대에 이런 믿음과 용기를 가진 자로
주님의 찾으신 바 된 충성된 자가 되고 싶지 않습니까?
그대는 성령의 능력 안에서 모든 선한 일들을
능히 감당할 수 있음을 주님은 확실히 믿고
기대하고 있습니다.
깊이 있게 기도하시고 주님께,
"예! 내가 여기 있나이다 나를 보내소서. 나를 쓰시옵소서." 하라.
담대하게 말할 수 있기를 예수님 이름으로 축복합니다.
하나님은 이 민족을 위해

그대를 특별히 택하셨고 하나님의 비밀인
복음을 맡기시고 충성스러운 그대에게
크게 기대하고 있습니다.

주여! "내가 여기 있나이다 나를 보내주소서."
담대하게 서원하신 당신의 용기 있는
이 믿음을 주께서 지금 보시고 심히 기뻐하시리라.
하나님의 사람 모세처럼 그리스도의 영광을 위하여
세상의 부귀영화를 과감히 버리고 주의 백성들과 함께 고난받기를
더 좋아하고
사도 바울처럼 악의 영이 가득한 불의하고 불법이 창궐한
이 세상에서 날마다의 삶 속에서
세상의 명예와 권세와 부귀와 영화를
주를 위해 배설물로 여기고
선한 싸움을 잘 싸우고 달려갈 길을 끝까지 잘 달리고
믿음을 끝까지 잘 지키고
충성된 헌신의 삶을 살아 주 앞에서
의의 면류관 생명의 면류관 정금 면류관을 받는 자가 됩시다.

롬 8:18, "현재의 고난은 장차 우리에게 나타날 영광과 족히 비교할 수 없도다."

양 날개

약 2:17,
이와 같이 행함이 없는 믿음은 그 자체가 죽은 것이라.

믿음과 행함은 오랫동안 신학적 논쟁의 주제였습니다.
어떤 이들은 구원은 오직 믿음으로만 얻을 수 있다고 주장하였고,
다른 이들은 행함이 없는 믿음은 죽은 믿음이라고 강조합니다.
성경에는 이 두 가지 관점을 모두 지지하는 것처럼
여겨지는 구절들이 있습니다.

- 롬 3장 28, "그러므로 사람이 의롭다 하심을 얻는 것은 율법의 행위에 있지 않고 믿음으로 말미암는 줄 우리가 생각하노라."
- 약 2:17, "이와 같이 행함이 없는 믿음은 그 자체가 죽은 것이라."

이 구절들을 어떻게 조화시킬 수 있을까요?
한 가지 방법은 바울과 야고보가 서로 다른 종류의
'행함'에 대해 이야기하고 있다는 것을 인식하는 것입니다.

바울은 율법을 지킴으로써 의롭게 되려는
인간의 노력을 의미하는 행위에 대해 말하고 있습니다.
그는 이러한 행위가 구원을 얻는 데
아무런 역할을 할 수 없다고 주장합니다.

구원은 하나님의 은혜의 선물이며,
오직 믿음으로만 받기 때문입니다.

야고보는 믿음의 결과로 나타나는 행함에 대해 말하고 있습니다.
그는 참된 믿음은 선한 행실로 이어진다고 강조합니다.
만약 어떤 사람이 믿음이 있다고 주장하면서도
가난한 사람을 돕거나
불의에 맞서 싸우는 것과 같은
사랑의 행위를 보이지 않는다면,
그의 믿음은 진실 되지 않은 것입니다. 야고보는 행함이 없는 믿음은
영혼 없는 몸과 같이 죽은 것이라고 비유합니다.

믿음과 행함은 서로 반대되는 것이 아니라
상호 보완적인 것입니다.
구원은 오직 믿음으로만 받을 수 있지만,
참된 믿음은 반드시 선한 행함이라는 열매를 맺습니다.
이러한 행함은 우리를 구원하는 것이 아니라,
우리의 믿음이 살아있고 활동적이라는 증거가 됩니다.
믿음과 행함은 두 날개와 같이 그리스도인의 삶에 필수적입니다.
우리는 오직 믿음으로 구원을 받지만,
우리의 믿음은 사랑과 정의의 행함을 통해
자신이 그리스도인인 것을 보여줍니다.

사 40:31, "오직 여호와를 앙망하는 자는 새 힘을 얻으리니 독수리의 날개 치며 올라감 같을 것이요 달음박질하여도 곤비치 아니하겠고 걸어가도 피곤치 아니하리로다."

바울은 믿음을, 야고보는 행함을
'믿음'과 '행함'의 갈등은 오랫동안 이어져 온 논쟁의 주제입니다.
행함으로 말미암아 구원을 얻는 것이 아니라,
믿음으로 구원을 얻는다는 주장이 항상 늘 지배적이었습니다.
그러나 야고보서는 분명히 말합니다.
믿음에 행함이 따르지 않으면,
그 자체만으로 죽은 것입니다.(약 2:17)

야고보서는 '구원을 얻기 위해 우리가
어떻게 해야 하느냐'를 말하려 한 것이 아닙니다.
"예수 그리스도를 믿음으로 구원을 얻은 우리가
무엇을 해야 하느냐"를 말하고 있습니다.
그리고 예수 그리스도를 믿는 믿음이 있어
구원받은 우리가 어떻게 해야 하는 지를
가르쳐 주고 있습니다.
그래서 행함을 강조한 것입니다.

우리를 향한 하나님의 목적은 두 가지 입니다.
- 우리가 예수 그리스도를 믿어 구원을 받는 것입니다.
- 우리를 통하여 무엇을 하려고 하신다는 것입니다.

그러므로 믿음이 없음은 죽은 것입니다.
또한 행함이 없는 믿음도 죽은 것입니다.

나의 믿음은 행함이 있는 믿음인지,
행함이 없는 죽은 믿음인지를 조용히 묵상해봅니다.
오늘 내 믿음과 행함은 어떻게 살아 있는지
돌아볼 수 있기를 소망합니다.

하나님! 입으로만 사랑을 말하며 살았습니다.
어리석은 우리 죄를 회개합니다.
용서해 주시고 새 힘을 주옵소서.
주님께서 원하시는 뜻을 이루게 하시고,
우리에게 허락하신 이들을
주님의 사랑으로 사랑하는 삶을 살게 하옵소서.
예수 그리스도의 이름으로 기도합니다. 아멘.

마음을 성결하게 하라

약 4:8,
하나님을 가까이하라 그리하면 너희를 가까이 하시리라 죄인들아 손을 깨끗이 하라 두 마음을 품은 자들아 마음을 성결하게 하라.

주여! 나의 마음과 생각을
성령으로 코팅이 되어 바르게 지켜주시고
나의 말하는 입술에
성령의 능력의 역사로 재갈을 먹여 주소서.
주여! 나를 숨은 허물에서 온전히 벗어나게 하시고
나의 마음과 생각과 말에 정직한 자가 되게 하옵소서.
시 19:13~14, "또 주의 종에게 고의로 죄를 짓지 말게 하사 그 죄가 나를 주장하지 못하게 하소서 그리하면 내가 정직하여 큰 죄과에서 벗어나겠나이다 나의 반석이시요 나의 구속자이신 여호와여 내 입의 말과 마음의 묵상이 주님 앞에 열납되기를 원하나이다."

오, 주님! 항상 나의 삶 속에서 두 마음을 품고 사는
나약한 나를 용서하여 주소서.
나의 매일 삶 속에서 오늘은 주의 뜻대로 살리라.
결심하고 다짐하면서도 하루 동안의 삶 속에서
나의 하는 모든 일들이 내 뜻대로 살아가고 있는

두 마음을 품은 자입니다.
주를 위한 힘든 봉사의 일이 있을 때면 여러 가지 핑계하면서
나 자신은 조금도 희생하지 않으려 하고
타인에게 의존하려는 연약하고 어리석은 나에게
"너도 할 수 있다" 하신 이는 능력의 주님이심을 믿게 하소서.
어려운 일이 생길 때면 나의 탓이라기보다는
남의 탓에 돌리기 잘하는 이타적이고 이기적인
마음을 가진 나에게 나를 따르라 하시고
오직 십자가의 길만 가시며 생명을 온전히 희생하신
주님의 인내의 마음과 사랑을 넣어 주소서.
나의 일상의 말속에서 내가 불리할 때면 적당히 둘러대는 거짓되고
값없는 말을 예사롭게 잘하는 나에게 착하고 의롭고 정직하고 진실한
마음으로 말을 하게 하소서.

내 편에 있는 자면 악한 자라도 말로 동조하며
진정 나를 사랑하여 바르게 조언하는 사람을 판단하고
나의 옹졸한 마음에 맞지 않는 사람을 미워하고 정죄하며
상황 따라 서슴치 않고 불의와 타협하며
시간 따라 생각도 마음도 말도 달라지는 간사한 인간인
나의 마음에 어제나 오늘이나 영원토록 동일하신
주님의 변찮은 진실한 마음을 넣어 주소서.
주의 피로 깨끗해진 마음과 아직 변화되지 못한
마음의 악취 나는 두 마음을 혼합하여 간직한

이중적인 나의 마음에 주님의 보혈의 능력으로
거룩한 사랑의 향기로 마음 가득히 채워 주셔서
그리스도의 향기가 나게 하소서.

주님의 말씀에 스스로 위로받으려 하고
나의 허물과 연약함과 범죄함을 합리화시키려는
추악한 의도인 것을 가슴 깊이 알게 하시고
나 자신을 스스로 속이지 못하게 하소서.
사람들에게 화평과 사랑을 심어주지 못하고
오히려 편애하며 아픔을 주며 멀리하며 외면한
외식적인 나의 두 마음에 화목하게 하신
성령 안에서 주의 사랑으로 나로 인하여
하나가 되게 하는 성령의 지혜와 계시로 충만하게 하소서.

하나님과 재물을 겸하여 섬기는 나를
이제 하나님만 온전히 섬기는 자가 되게 하소서.
마 6:24, "한 사람이 두 주인을 섬기지 못할 것이니 혹 이를 미워하고 저를 사랑하거나 혹 이를 중히 여기고 저를 경히 여김이라 너희가 하나님과 재물을 겸하여 섬기지 못하느니라."

감사에 대하여 범사에 감사하라 하셨는데
감사하는 마음보다는 항상 불평과 불만이요
좋은 일이 있을 때 형식적인 감사일뿐
마음 정성 다하여 물질로 감사치 못한

인색함과 탐심이 가득한 나의 마음속에
구원받은 큰 감격 속에 하나님께 드리는
참 기쁨의 감사와 이웃에게 넉넉히 나누어 줄 수 있는
풍성한 마음의 부요와 기쁨을 가득히 채워주소서.

경건한 자와 충실한 자가 끊어지는 시대에
주님의 마음에 합한 자가 되게 하소서.
시 12:1~2, "여호와여 도우소서 경건한 자가 끊어지며 충실한 자가 인생 중에 없어지도소이다 저희가 이웃에게 각기 거짓을 말함이여 아첨하는 입술과 두 마음으로 말하는도다."

나의 삶 속에서 날로 더욱 깨끗하고
정결하고 성결한 마음을 갖게 하소서.
나의 혀를 지켜주셔서 하나님께 찬송과 영광을
올려드리게 하소서.
롬 15:6, "한 마음과 한 입으로 하나님 곧 우리 주 예수 그리스도의 아버지께 영광을 돌리게 하려 하노라."

기도의 응답을 받고자 할 때에 의심하는 마음을
온전히 버리게 하소서.
약 1:6-8, "오직 믿음으로 구하고 조금도 의심하지 말라 의심하는 자는 마치 바람에 밀려 요동하는 바다 물결 같으니 이런 사람은 무엇이든지 주께 얻기를 생각하지 말라 두 마음을 품어 모든 일에 정함이 없는 자로다."

하나님의 것인 십일조를 드릴 때 믿음으로 제일 먼저

온전한 십일조를 정성으로 드리지 않고
이것저것 쓰고 난 뒤에 남은 것으로 드리고
구원의 감격 속에 감사함으로 드리지 못하고
인색함으로 억지로 하는 진실하지 못한
마음을 회개하며 하나님께서 기뻐하실
온전한 십일조를 드리는 믿음을 주소서.
날마다 때마다 일마다 주와 함께 동행하는 속에서
말과 행동에 정직하고 진실 된 삶이 되게 하소서.

하나님이여! 나로 빛의 자녀로서 착함과 의로움과
진실함의 열매를 날마다 삶 속에서 아름답게 맺게 하소서.
오, 주 예수여 나의 입술의 모든 말과
나의 마음의 묵상이 주께 열납 되기를 원하나이다
오직 주의 영광의 날까지 한마음 한뜻으로
주님만 생각하며 주님만 바라보며
주님만 의지하며 주님만 섬기며
주님과 동행하며 주님만 따르게 하옵소서.

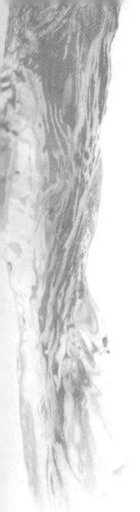

영원한 복음

계 14:6,
또 보니 다른 천사가 공중에 날아가는데 땅에 거하는 자들 곧 여러 나라와 족속과 방언과 백성에게 전할 영원한 복음을 가졌더라.

영원한 복음은 시대와 문화, 개인의 상황을 초월하여
모든 인류에게 적용되는 하나님 나라의 기쁜 소식입니다.
이를 영적, 창조적, 성경적, 복음적으로 해석하는 것은
복음의 본질을 이해하고 삶에 적용하는 데 도움을 줍니다.

영원한 복음의 본질적 해석

1. 영적 해석: 삼위일체 하나님의 사랑의 드라마

영원한 복음은 단순히 예수 그리스도의 구원 사역에 대한 교리적 지식이 아니라, 성부, 성자, 성령 삼위일체 하나님이 인류를 향한 영원한 사랑을 실현하신 영적 드라마입니다.

- 성부 하나님: 영원 전부터 우리를 택하시고 사랑하셨으며, 독생자를 희생시키실 만큼 우리 구원에 대한 열망을 가지셨습니다. 복음은 하나님의 영원한 계획과 그분의 긍휼하심을 보여줍니다.

- 성자 하나님: 인류의 죄를 대속하기 위해 친히 이 땅에 오신 구원자이십니다. 그분의 십자가는 단순히 형벌을 대신한 사건이 아니라, 하나님과 인간 사이의 끊어진 관계를 회복시키신 영적 다리입니다. 복음은 이 다리를 건너 하나님께 나아가는 길을 제시합니다.

- 성령 하나님: 복음을 깨닫게 하고 믿게 하며, 우리 안에 내주하여 복음의 능력이 삶 속에서 열매 맺게 하시는 분입니다. 성령님은 복음을 현실로 체험하게 하시는 영적인 은혜입니다.

이처럼 영원한 복음은 삼위일체 하나님께서 각자의 역할로 우리를 구원하시고 영원한 생명으로 인도하시는 영적 연합의 사건입니다.

2. 창조적 해석: 파괴된 창조 질서의 회복

- 관계의 회복: 죄로 인해 단절되었던 하나님과의 관계(영적), 자신과의 관계(심리적), 이웃과의 관계(사회적), 자연과의 관계(환경적)가 예수 그리스도를 통해 다시 연결됩니다. 복음은 분열과 갈등의 세상에 화해와 일치의 씨앗을 뿌리는 창조적 행위입니다.

- 새로운 창조: 그리스도 안에서 우리는 새로운 피조물(고린도후서 5:17)이 됩니다. 이것은 단순히 성품이 변화하는 것을 넘어, 우리의 존재 자체가 하나님 나라의 백성으로 재창조되는 것입니다.

복음은 낡은 것을 부수고 새로운 것을 세우는 창조적 파괴와 재건의 과정입니다. 복음이 삶에 들어올 때, 우리는 단순히 과거의 죄를 용서받는 것을 넘어, 하나님 나라의 가치관으로 세상을 보고, 행동하며, 창조하는 존재로 변화됩니다.

3. 성경적 해석: 계시의 완성이자 종말론적 희망

- 구약의 예언: 창세기부터 말라기까지, 구약은 오실 메시아와 그분이 이룰 구원 사역을 그림자처럼 보여줍니다. 아담의 타락 이후 하나님께서 약속하신 여자의 후손(창세기 3:15), 아브라함을 통해 복을 약속하신 언약, 모세의 율법과 제사 제도를 통해 드러난 대속의 원리, 선지자들을 통해 예언된 메시아의 고난과 영광은 모두 영원한 복음을 예비한 내용입니다.

- 신약의 성취: 신약은 이 모든 예언이 예수 그리스도 안에서 성취되었음을 선포합니다. 예수님의 탄생, 삶, 죽음, 부활, 승천은 복음의 핵심적인 내용이며, 성경은 이 복음의 역사적 진실성과 그 의미를 증언합니다.
  따라서 영원한 복음은 성경의 시작부터 끝까지 관통하는 하나님의 구원 계획의 완성입니다. 이는 과거의 사건일 뿐만 아니라, 재림하실 그리스도를 통해 완성될 종말론적 희망이기도 합니다.

4. 복음적 해석: 은혜로 말미암는 믿음의 선물

- 무조건적인 은혜: 우리는 어떤 자격이나 공로 없이 오직 예수 그리스도를 믿음으로 구원을 받습니다(에베소서 2:8-9). 복음은 "무엇을 해야 하는가?"라는 율법적 질문에 "예수님께서 이미 다 이루셨다"는 은혜의 답을 줍니다.

- 복음의 능력: 복음은 단지 듣고 끝나는 좋은 소식이 아니라, 믿는 자에게 구원을 주시는 하나님의 능력입니다(로마서 1:16). 이 능력은 우리의 삶을 변화시키고, 죄의 권세로부터 해방시키며, 하나님의 자녀가 되는 권세를 줍니다. 복음은 삶의 모든 영역에서 하나님 나라를 경험하게 하는 원동력입니다.

영원한 복음은 삼위일체 하나님의 사랑으로 시작되어,
파괴된 창조를 회복시키고,
성경 전체를 통해 계시 된 약속의 성취이자,
오직 믿음으로 받는 무조건적인 은혜의 선물입니다.
이는 모든 인류에게 주어진 궁극적인 희망이자,
새로운 삶을 시작하게 하는 능력입니다.

두 성

계 18:2,
힘센 음성으로 외쳐 가로되 무너졌도다 무너졌도다 큰 성 바벨론이여 귀신의 처소와 각종 더러운 영의 모이는 곳과 각종 더럽고 가증한 새의 모이는 곳이 되었도다.

바벨성과 거룩한 성(새 예루살렘)은 극명한 대조를 이루며
각각 인간 중심의 교만과
하나님 중심의 순종이라는 상징적인 의미를 담고 있습니다.
이 두 성을 비교 연구하는 것은
성경이 말하는 구원과 심판, 인간의 본성과
하나님의 섭리를 이해함에 통찰을 제공합니다.

1. 바벨성(바벨론)

기원과 특징

- 창세기 11장 바벨탑 사건: 바벨성은 창세기 11장의 바벨탑 사건에서 그 기원을 찾습니다. 사람들은 "우리의 이름을 내고 온 지면에 흩어짐을 면하자"며 하늘에 닿는 탑과 성을 쌓으려 했습니다. 이는

인간의 힘과 능력으로 스스로 높아지려는 교만을 상징합니다.

- 재료와 건축 방식: 바벨탑은 자연의 돌이 아닌, 사람이 직접 구워 만든 벽돌과 역청으로 지어졌습니다. 이는 하나님의 창조 질서와 자연의 섭리를 거스르고, 인위적인 방법으로 자신들의 견고함과 영광을 추구했음을 보여줍니다.

- 혼란과 심판: 하나님의 개입으로 인해 언어가 혼잡하게 되고 사람들은 흩어지게 됩니다. '바벨'이라는 이름 자체가 '혼란'을 의미하게 되었으며, 이는 하나님을 대적하는 인간적인 시도의 결과는 결국 혼란과 분열임을 나타냅니다.

- 특히 요한계시록에서는 '큰 성 바벨론'으로 등장하며, 이는 하나님을 대적하는 세상의 모든 죄악된 세력, 곧 우상 숭배, 물질주의, 불의, 거짓 종교, 음행 등을 총체적으로 상징합니다. 과거 이스라엘 백성을 억압했던 바벨론 제국을 넘어, 마지막 때 전 세계를 미혹하고 억압하는 사탄의 왕국을 의미하기도 합니다. 요한계시록은 이 바벨론이 결국 하나님의 심판을 받아 멸망할 것을 예언합니다.

2. 거룩한 성(새 예루살렘)

기원과 특징

- 하늘에서 내려오는 성: 요한계시록 21장에 묘사된 새 예루살렘은 "하나님께로부터 하늘에서 내려오는 거룩한 성"으로 나타납니다. 이는 인간의 손으로 지어진 것이 아니라 하나님께서 친히 예비하시고 내려주시는 완전하고 거룩한 도성임을 의미합니다.

- 하나님의 임재와 영광: 새 예루살렘은 하나님의 영광이 충만한 곳이며, 하나님께서 그 백성과 함께 거하시고 모든 눈물을 닦아주시는 곳입니다. 죄와 사망이 없고, 오직 생명과 평화만이 가득한 완전한 상태를 상징합니다.

- 재료와 건축 방식: 새 예루살렘의 성벽은 벽옥으로 되어 있고, 성은 맑은 유리 같은 정금이며, 열두 문은 열두 진주, 성의 기초석은 온갖 보석으로 꾸며져 있습니다. 이는 하나님의 거룩하심과 영광, 그리고 그분의 완전한 아름다움을 상징하며, 인간의 기술이나 물질로 표현할 수 없는 신적인 완벽함을 나타냅니다.

- 구원받은 백성의 처소: 새 예루살렘은 하나님의 구속받은 백성들이 영원히 거하게 될 처소입니다. 아브라함이 믿음으로 찾았던 성이며, 예수 그리스도의 보혈로 죄 씻음을 받은 자들만이 들어갈 수 있는 곳입니다.

- 교회의 완성: 새 예루살렘은 또한 완성된 교회를 상징하기도 합니다. 하나님과 예수 그리스도가 그 안에 계시며, 그분의 백성들이 함

께 모여 영원토록 예배하고 교제하는 공동체의 궁극적인 모습을 보여줍니다.

고전 3:12-13, "만일 누구든지 금이나 은이나 보석이나 나무나 풀이나 짚으로 이 터 위에 세우면 각각 공력이 나타날 터인데 그 날이 공력을 밝히리니 이는 불로 나타내고 그 불이 각 사람의 공력이 어떠한 것을 시험할 것임이니라."

3. 주요 비교점

바벨성과 거룩한 성(새 예루살렘)은 성경에서 두 가지 대조적인 왕국을 상징합니다.

바벨성은 하나님을 떠나 인간의 교만과 욕심으로 세워진 세상의 시스템과 그 결과로 나타나는 혼란과 멸망을 보여줍니다. 반면에 거룩한 성 새 예루살렘은 하나님의 주권과 은혜로 완성되는 구원받은 자들의 영원한 안식처이자, 죄악 없는 완전한 상태를 상징합니다.